AF613715

L

LE PRÉSENT

ET L'AVENIR DE LA FRANCE.

IMPRIMERIE DE G.-A. DENTU,
3 et 5, rue des Beaux-Arts.

LE PRÉSENT

ET L'AVENIR DE LA FRANCE.

Comedent igitur fructus viæ suæ, suisque consiliis surabuntur.

SALOM., cap. 1, *Parabola* XXXI.

Par M. Mazeron du Pradeix,

Président du tribunal d'Aubusson.

PARIS,

IMPRIMERIE-LIBRAIRIE DE G.-A. DENTU,
Palais-Royal, galerie vitrée, nº 13;
ET RUE DES BEAUX-ARTS, Nºs 3 ET 5.

1840.

LE PRÉSENT

ET L'AVENIR DE LA FRANCE.

LIVRE PREMIER.

CHAPITRE PREMIER.

L'ordre social vient de Dieu.

Pourquoi, lorsque partout il règne une indifférence pour la chose publique, lorsque le froid égoïsme semble avoir glacé tous les cœurs, tout le monde croit-il néanmoins devoir sonder les évènemens futurs dont nous sommes menacés? Serions-nous entraînés, par un mouvement général, à un état de choses que nous sentons ne pouvoir éviter? L'époque actuelle a-t-elle rompu la chaîne qui liait, par la modification de chacun de ses anneaux, le passé à l'avenir; ou plutôt la société se sent-elle travaillée du poids d'une génération qu'elle porte dans ses flancs, et qui doit bientôt la répudier?

Après cinquante ans de révolution de tous les genres dans l'ordre social; que rien de ce qui avait été entouré de la vénération des peuples, pendant un grand nombre de siècles, n'est resté debout; que toute croyance dans le monde moral, religieux et politique est perdue, et que la parole du pouvoir n'est plus employée que pour cacher sa pensée et déguiser la vérité; qu'on met plus de confiance dans ce qu'elle ne dit pas que dans ce qu'elle dit; que le soupçon règne partout, on peut dire alors que la carrière de l'homme, pour trouver dans ses combinaisons un ordre social fondé sur sa suffisance et la puissance de son savoir, est finie, et que le jour de l'œuvre d'un nouvel ordre de choses approche. Se rappelant tout ce qu'on a vu, tout ce qui a été fait, un sentiment universel se répand sur la nation qui a été livrée à tant de malheurs; chacun croit entendre retentir au fond de son cœur ces paroles de Bacon : *Le pouvoir que l'homme exerce n'est fondé que sur ce qu'il est fait à l'image de Dieu*. Or, cette image est effacée, lorsque les élémens appelés à former des rapports, séparés de leur essence, ne peuvent plus se coordonner et constituer l'ordre, qui n'est que l'accord et la fin d'une volonté qu'on s'obstine à méconnaître. Chaque jour un rayon de lumière apprend qu'aucun pouvoir humain ne saurait affermir un état de choses fait contre la volonté de celui en qui réside toute vérité, parce qu'il ne peut y avoir de loi bien établie que celle qui a pour base la vérité. « Toute lumière, dit Fénélon, qui ne vient pas de Dieu, est fausse ; elle ne fera que nous éblouir, au lieu de nous éclairer dans les routes difficiles que nous avons à tenir au milieu des précipices qui nous environnent. »

CHAPITRE DEUXIÈME.

L'ordre des lois religieuses a précédé l'ordre des lois civiles.

Il y a, a dit Socrate, *la loi qui est, la loi qui est faite*. La loi qui est, est l'existence de la société sans le concours de la volonté de l'homme : la loi faite, est l'action de la volonté de l'homme dans l'exercice et le régime des différens modes de gouvernement.

Avant qu'il y eût des lois positives qui rappelassent les rapports des hommes entre eux, il y a eu des rapports entre Dieu et l'homme, par lesquels la volonté de l'homme a été déclarée ne pouvoir rester droite, si elle n'est subordonnée à la volonté de Dieu. De là, cette opinion répandue chez tous les peuples, que Dieu ou les dieux ont parlé aux hommes pour la formation de la société. Autrement, comment auraient-ils pu se réunir pour arrêter des conventions, s'ils n'avaient reçu un langage commun, afin de se communiquer leurs pensées ?

Ainsi, l'homme n'est point né seulement avec des qualités sociables, il est né avec l'obligation de vivre en société.

Si l'ordre social vient de Dieu, comme on ne saurait en douter, il faut nécessairement reconnaître que son maintien ne peut se soutenir qu'autant que l'esprit de Dieu y résidera ; car Dieu ne peut avoir créé quelque chose pour ne pas y être. L'esprit religieux peut bien ne pas être toujours le véritable esprit religieux, mais il suffit qu'il y soit, pour devenir un appui de l'ordre, parce que Dieu en est toujours le principe.

La loi civile ne peut acquérir de vénération aux yeux des peuples, qu'autant qu'elle a sa source dans la loi religieuse.

La loi est la prescription de l'ordre, soit qu'elle ordonne, soit qu'elle prohibe. La loi est intelligente, car il ne saurait y avoir d'ordre sans intelligence ; donc il y a une intelligence au-dessus de l'intelligence humaine, ce qui est privé d'intelligence ne pouvant produire d'intelligence. Où règne une intelligence, doit nécessairement régner une volonté; et cette volonté ne doit agir que pour, en manifestant son pouvoir, prescrire des règles d'ordre. Quand j'agis pour obéir au pouvoir qui me commande dans l'intérêt de l'ordre, je satisfais au devoir qui m'est imposé; si je résiste au désir d'agir contre l'ordre, j'obéis au devoir de ma conscience, première garantie de la société. Les premières lois de la société sont donc des lois religieuses, d'où découlent les lois politiques et civiles qui règlent les rapports que les hommes ont entre eux.

Dieu n'a pas besoin de nos hommages, disent de prétendus esprits forts. Non, sans doute, mais les hommes ont besoin de lui rendre des hommages; car les rapports qui existent entre eux sont des rapports d'intelligence et de secours mutuels; c'est donc à lui qu'ils doivent s'adresser pour en demander le maintien et la conservation. S'il y a oubli envers Dieu par défaut d'hommages, il y a, par une conséquence immédiate, oubli des devoirs et des liens qui unissent les hommes. Bientôt le désordre succède à l'ordre, la violence à la raison; et le gouvernement, dont le principal ressort est usé, perd la force qui lui est nécessaire pour l'entretenir dans les veines du corps politique.

Les lois civiles et politiques ne sauraient imprimer par elles-mêmes, non seulement un caractère immuable dans ce qu'elles considèrent comme respectable, puisqu'elles-mêmes n'ont rien d'immuable, qu'elles sont sujettes aux caprices et à la mobilité des passions humaines, mais encore elles manquent de ce caractère d'amour, de charité envers le prochain, qui distingue les lois religieuses. Otez les lois religieuses, avec l'attirail de vos lois civiles, vous vengerez la société des crimes de meurtre, de vol, d'incendie, etc., commis dans son sein; vous pourrez arrêter parfois le bras prêt à les commettre; mais vous n'empêcherez ni le désir, ni la préméditation des crimes, ni les moyens d'échapper à la punition par l'obscurité dans laquelle on s'ensevelira.

Le pouvoir dont la force est toute matérielle, est condamné à subir le sort de la matière soumise à la main de l'homme. Comme la matière, il se détache de la base par tous les accidens agissant sur lui, avec cette différence que l'ouvrier qui broie ou taille sa matière, a conçu dans son esprit la forme qu'il doit lui donner; tandis que lorsque le pouvoir tombe sous le marteau de la multitude, personne ne peut prévoir ce qu'il deviendra, et comment il s'exécutera. Pour écarter le pouvoir, a dit Tacite, on proclame la liberté : *ut imperium evertant, libertatem præferunt.*

Dans les premiers momens d'une révolution, ce que les chefs ont le plus à redouter, c'est de trouver dans les instrumens dont ils se servent, une volonté qui les oblige d'agir plus d'après les passions de la multitude, qui se croit alors seule mériter le respect, que d'après les projets arrêtés de leur ambition; ils sont contraints d'applaudir à ce que plus tard ils condamneront, en faisant ouvrir les prisons pour cette multitude qui les a portés sur le pavois en chantant des hymnes de mort contre leurs ennemis, c'est-à-dire contre ceux qui ont cessé d'occuper le pouvoir.

CHAPITRE TROISIÈME.

Il n'y a de stabilité et de durée pour la Constitution d'un peuple, qu'autant que la religion en est le ciment.

Un peuple ne saurait se donner par sa législation une existence d'une longue durée, si la parole de Dieu ne s'y trouve exprimée et sa volonté respectée. Le premier pacte que Dieu fit avec l'homme, fut rompu par ce dernier pour avoir voulu savourer le fruit de la science, c'est-à-dire pour avoir voulu devenir l'égal de son Créateur. L'orgueil est inhérent à la nature humaine; mais cette nature, lorsqu'elle croit pouvoir s'asseoir sur son savoir, n'engendre que des ruines. Ce que nous avons vu est une preuve de cette assertion. Une monarchie chrétienne de quatorze siècles semblait avoir acquis sur le temps une base immortelle; mais l'incrédulité y ayant pénétré, y tint lieu de la foi. Dieu s'éloigna d'un lieu où son nom était méconnu, l'édifice s'écroula sur ceux qui avaient voulu y introduire leur loi; et la condamnation fut que successivement l'homme détruirait l'ouvrage de l'homme, sans pouvoir rien édifier. L'athéisme avait d'abord chassé le nom de Dieu dans tout ce qu'il avait proclamé être devenu son domaine; le demi-savoir a voulu ensuite mettre la religion sous l'empire de la mobilité de ses lois, c'est-à-dire sous le pouvoir révolutionnaire de ceux qui seraient appelés à l'exercer; mais Dieu ne se met pas à la disposition des hommes; il fait sa loi, il faut la suivre, sous peine de tomber dans le désordre et de vivre dans la confusion.

Ce qui afflige le plus la raison et semble l'écraser, si la foi n'était là pour la soutenir, c'est de voir que cette grande catastrophe de la monarchie française a été scellée du sang du juste. Comment cela, se demande-t-on, peut-il s'accorder avec la puissance de Dieu, qui, par la nécessité de sa nature, règle tout selon l'ordre immuable de sa justice ? Sans vouloir pénétrer les desseins de la Providence, ne peut-on pas expliquer ce mystère en disant que la religion sortie de l'humilité et de la pauvreté dont s'était revêtu son divin Créateur, après avoir conquis les peuples contre la volonté des Césars, au milieu des supplices exercés par eux sur les populations, Dieu a voulu la soumettre à une nouvelle épreuve, en permettant que le peuple qui brillait le plus sur la terre, enflé de son savoir, fît tomber la tête de son roi très-chrétien, afin qu'après avoir subi ces deux épreuves, la persécution des souverains envers les peuples, et la persécution des peuples envers la race des rois très-chrétiens, rien ne manquât à son triomphe, et que le genre humain apprît encore une fois que tous les efforts de l'enfer ne sauraient prévaloir contre elle.

Louis XVI, héritier et successeur de quarante rois chrétiens, proclame sur l'échafaud, en face d'un nouveau peuple juif, sa foi pour la Divinité de Jésus-Christ, et pardonne à ses ennemis. Son âme tressaillant sent, avant d'être séparée de son corps, sa translation dans le sein de la Divinité, par les paroles miraculeuses que Dieu avait placées dans la bouche du ministre de ses autels: *Fils de saint Louis, montez au ciel!* Oui, la mort de Louis XVI a affermi plus de personnes dans la foi chrétienne, que les bourreaux qui inondaient à cette époque la France n'ont fait de victimes.

CHAPITRE QUATRIÈME.

De quelle importance il est, dans l'intérêt de la monarchie et pour la sûreté de la personne du monarque, d'ajouter, à sa qualité de souverain, un titre qui annonce qu'en même temps que l'autorité réside entre ses mains, il est le protecteur de la religion, et lui est uni par affection et par devoir.

De toutes les garanties pour l'accomplissement de ses devoirs, soit comme homme privé, soit comme public, la religion est la seule et la plus sûre devant qui les passions ne sauraient trouver grâce, quel que soit le langage qu'elles tiennent. Le temps modifie les conditions de l'ordre social par la survenance des nouveaux rapports et des nouveaux modes adoptés pour l'intérêt de tous; mais la religion catholique, qui est la vérité, puisqu'elle émane de Dieu, ne peut se modifier au gré de la volonté des hommes. La religion, comme œuvre de Dieu, est de tous les siècles. Ce qu'elle a été à son origine, elle le sera à la fin du monde; ses effets et ses enseignemens se sont étendus sur l'univers; mais elle ne saurait souffrir aucune altération, soit en bien soit en mal. En bien, parce qu'elle est ce qu'il y a de meilleur au monde; en mal, parce qu'étant divine par sa nature, le mal ne saurait l'atteindre. Elle domine tout, sans que rien puisse la dominer. Et chose admirable! sa domination, toute spirituelle, n'a rien qui touche aux biens de la terre. Avec une telle religion, ce qu'il y avait de plus élevé, de plus sage, de plus conciliant dans la politique humaine, c'était que le roi d'une nation toute chrétienne reçût le titre de *roi très-chrétien*. Par-là sa puissance temporelle repose dans un esprit religieux sur sa personne; mais la puissance spirituelle en est séparée; par-là le monarque devient par devoir le protecteur de la religion, et s'engage d'en avoir les vertus. Bien différent d'un roi qui réunit à sa personne, contrairement à l'esprit de la religion, le pouvoir spirituel au pouvoir temporel; il ne peut faire exécuter sa volonté dans ce qu'il y aura de contraire à la puissance spirituelle, et il se sentira toujours paralysé dans l'intention de faire le mal, par cette puissance invisible, qui cependant ne sera pas sans organe, pour lui dire que cela ne lui est pas permis.

Ce qui a fait l'appui du trône pendant dix siècles, et l'éclat de quarante diadêmes sous lesquels se manifestait la vénération des peuples, est venu s'anéantir devant les législateurs du dix-huitième siècle. Un roi, me dira-t-on, ne cesse pas d'être chrétien, parce qu'il a cessé de prendre le titre de *roi très-chrétien*, lorsque surtout on le voit protéger toutes les religions chrétiennes, et même celles qui ne le sont pas. Distinguons. Un roi n'a pas cessé d'être le roi de ceux de ses sujets qui sont catholiques, et de ceux qui ne le sont pas, et cela, parce qu'il a droit à l'obéissance de tous; et que l'obéissance est un des premiers devoirs d'un catholique envers l'autorité. Mais en cessant d'être le roi protecteur de la foi de nos pères, pour descendre au simple rang de protecteur de l'ordre matériel dans l'exercice de tous les cultes, il a éteint en nous le sentiment religieux qui nous obligeait devant Dieu à le considérer comme le soutien de la foi, et à s'identifier avec lui dans ce qui nous était commun. Nous ne pouvons pas lui dire : Vous êtes le roi très-chrétien, comme saint Pierre, en parlant pour tous les apôtres, disait à Jésus-Christ : Vous êtes le Christ du Dieu vivant. On lui obéira pour maintenir et faire respecter l'ordre, en s'associant, s'il se peut, à la puissance des gendarmes ; mais l'obéissance n'agissant plus sur la conscience comme devoir religieux, le devoir cessera où cessera le pouvoir.

Lorsqu'il y a quatre siècles, un malheureux schisme sépara les chrétiens en catholiques et en protestans ; que les rois catholiques se sont vus par suite dans la nécessité, pour le repos des peuples et le maintien de la paix, de tolérer le protestantisme, et d'assurer par leur protection l'exercice de leur culte, cela n'a pas brisé les liens qui les unissaient à leurs sujets catholiques. Mais lorsque le protestantisme est devenu un motif de faveur, un choix de cœur et une alliance de famille, alors l'alliance du catholicisme avec la royauté s'est effacée ; et la royauté a perdu son droit le plus sacré, le plus assuré à l'obéissance. Un ministre qui a introduit le protestantisme dans la famille de son roi catholique, dont les prédécesseurs prenaient le titre de *fils aîné de l'Eglise*, n'a montré aucune portée dans la politique et aucun courage dans l'intérêt de la monarchie. Il faut être bien mal inspiré pour faire dire à celui qui est destiné, d'après la dernière loi de l'Etat, à porter la couronne, qu'*en épousant une princesse protestante il n'a fait qu'user du droit qu'a tout Français*. Les droits et les devoirs des princes se tiennent de si près, que ce qui est permis à un citoyen, un prince ne saurait le faire sans déroger à sa dignité et à son caractère : sur ce point les princes sont esclaves et les particuliers sont libres. L'alliance d'un particulier n'a lieu que dans l'intérêt de deux familles ; mais le mariage d'un prince destiné à occuper un trône doit avoir pour but l'intérêt et la dignité de la nation, et peut-être pour résultat le maintien de la paix du monde. Mais aussi il y a une compensation : un ami de la monarchie ne sera pas fâché que celui qui est appelé à régner un jour, soit à vingt ans promu au grade de lieutenant-général, parce qu'il sait que les enfans de France naissent avec leur épée, et que cette épée doit toujours être sous les yeux de la nation, prête à la défendre. Si vous voulez vous assujettir à une similitude parfaite aux droits de tous les Français, on sera alors fondé à vous reprocher les priviléges dont vous êtes investis.

CHAPITRE CINQUIÈME.

Du droit divin.

Dieu a créé l'homme pour vivre en société; l'état sauvage n'est autre chose qu'une nature dégénérée, et qui ne saurait jamais être considérée comme la destination à laquelle l'homme est appelé. Ce n'est donc pas l'homme qui pense qui est un être dépravé, mais l'homme qui est né et vit hors de l'état social. De ce que Dieu a créé l'homme pour vivre en société, il a fallu qu'il ait mis en lui des moyens pour établir et garantir l'ordre social. L'homme possédant le libre arbitre, sa volonté est entrée comme un agent dans l'ordre social; mais cette volonté toujours mobile, et rien ne pouvant en fixer les engagemens, la puissance de vivre dans cet état de choses a dû intervenir pour rendre inviolable le contrat social. Ainsi, Dieu, en le scellant de son autorité, en se rendant le protecteur de l'ordre établi, et se déclarant le vengeur de toute contravention qui y serait faite, a donc créé un droit divin; et, comme l'a dit Bossuet: « Ce droit a un double effet: il unit le peuple à Dieu, et il unit le peuple à lui-même. » Le droit divin n'est donc autre chose que le commandement du respect pour l'ordre existant. Car, encore une fois, l'ordre ne saurait exister s'il ne dérive de Dieu. Ce n'est pas seulement le pouvoir d'un roi qui est de droit divin, c'est tout pouvoir établi pour la sûreté de l'ordre. La seule différence qui existe, c'est qu'en attaquant le pouvoir royal, vous attaquez l'ordre social en entier, et que de son ébranlement ou de sa chute, la société est en danger de périr, tandis que dans une attaque d'un ordre privé, le mal est toujours réparable, et peut être corrigé à l'instant, sinon envers l'individu qui l'a souffert, du moins envers la société, autant qu'il est en elle. Il y a un droit divin dans l'état républicain comme dans l'état monarchique. Si Catilina eût réussi à égorger les consuls, le sénat, et à incendier trente quartiers de Rome pour s'en rendre le souverain, certes, le droit divin eût été autant violé qu'il l'a été dans l'expulsion de trois générations de rois par la puissance du pavé. L'on me demandera peut-être si, par suite d'une révolution qui a détruit le pouvoir conservateur de l'ordre existant, et y a substitué un autre pouvoir conservateur de l'ordre nouveau, il est du devoir des citoyens de respecter cet état de choses. Je réponds affirmativement, parce que l'homme, et surtout l'homme catholique, devant respecter l'ordre partout où il existe, il ne lui appartient pas de se mettre en lutte avec lui, quelle que soit son origine. C'est à Dieu seul, par des moyens qu'il n'est pas donné à l'homme de connaître, de venger, s'il le juge à propos, l'outrage commis à cet égard, et à tirer de sa sagesse l'ordre nécessaire pour l'existence de la société; parce que si l'état des choses a été fait contre sa volonté, l'ordre réel ne saurait y rentrer que par sa volonté : toute puissance humaine devient alors impuissante. « La Providence se sert de la volonté des hommes, auxquels elle inspire ce qui lui plaît, pour causer « dans la matière même les mouvemens qui semblent fortuits, et qui ont rapport aux évène« mens que Dieu veut en tirer. »

CHAPITRE SIXIÈME.

De l'influence des signes sensibles pour le maintien de l'ordre.

L'homme ne saurait se conduire par des abstractions; il ne lui suffit pas de recevoir des enseignemens moraux et religieux, il lui faut des signes sensibles sur lesquels sa pensée vienne s'asseoir pour lui rappeler, soit son amour pour une action vertueuse, soit sa haine pour une mauvaise action. Mais comment sa pensée pourra-t-elle trouver le moindre accord dans notre âme, lorsque rien n'est d'accord dans ce qui se passe sous nos sens? Cela est impossible; car l'harmonie de notre conduite prend sa première loi dans l'harmonie qui sert de règle au monde. Admettre l'idée abstraite de la religion et de la morale, et substituer au fait correspondant de la vérité, comme méritant nos hommages, le signe sensible d'une action immorale et subversive de la société, est une inconséquence monstrueuse, ou plutôt c'est vouloir prouver que l'idée abstraite est un mensonge, une déception dans l'intérêt de quelques personnes, et que la vérité est dans la conduite et la morale de ceux qu'on nous donne pour modèles. Nous le demandons: comment l'idée abstraite de la religion pourra-t-elle être admise et reçue par la multitude, lorsque le temple le plus en évidence de la capitale est consacré comme un hommage rendu à la mémoire d'un régicide, et de ceux qui n'ont vécu que pour prêcher et écrire que la religion était une infamie, qu'il fallait la détruire : *Ecrasons l'infâme!* Ce groupe de pierres élevé en trophée à l'athéisme, où l'on a sculpté la figure de l'archevêque de Cambrai à côté de celle de l'auteur de *la Pucelle*, ne présente, aux yeux des athées et des libertins, qu'une farce ignoble. Pour rendre l'exactitude de la pensée des inventeurs de cette production, il y manque une figure (le temps n'était pas encore venu de la produire), c'est celle de Diderot foulant sous ses pieds le cadavre de Louis XVI, et étranglant Fénélon avec les entrailles de ce prince; puis, sur le même plan du tableau, David le conventionnel prenant ses pinceaux pour rendre le sublime de cette scène, et Voltaire montant sa lyre pour la chanter. Continuons. Une chapelle expiatoire avait été élevée par la piété, en mémoire d'un prince tombé sous le couteau d'un assassin; l'autorité fait démolir cette chapelle : c'est afficher que l'assassin est un héros, et que le prince méritait son sort. Cette chapelle n'aurait-elle pas été, pour certains personnages, la trompette que Néron croyait entendre sur le tombeau de sa mère? Ces mêmes hommes ont ensuite l'air de pleurer sur les crimes de Fieschi et d'Alibaud; mais n'est-ce pas par une pareille conduite qu'ils ont armé leurs bras? Croient-ils donc qu'il est en leur pouvoir de changer les sentimens de la morale et de la religion, comme ils ont à leur disposition le changement d'une dynastie, et que ce qu'ils semblent dire être héroïque le 13 février 1820, a été un crime au mois de juillet 1835? Voilà cependant les hommes qu'on nous donne comme devant fonder une monarchie!

La religion et la monarchie ont chacune leur culte dans des signes sensibles; mais les deux cultes s'unissent et n'en forment qu'un seul pour aimer la divinité et respecter les idées émanées d'elle. On doit, dit-on, honorer le génie : oui, mais le génie bienfaisant qui fait aimer la vertu. Que la statue de Voltaire soit placée au Théâtre-Français, et même dans vos bibliothèques, rien de mieux; que le portrait de David soit déposé dans le Musée à côté de ses chefs-d'œuvre, personne n'aura rien à dire : mais que le temple sur les autels duquel le sacrifice divin a eu lieu soit ravi au culte pour être livré à la vénération de la figure et de la mémoire de Voltaire, c'est proclamer que le vœu qu'il faisait d'anéantir la religion va s'accomplir, s'il ne l'est jamais : *Verba iniquorum prevaluerunt super vos.*

CHAPITRE SEPTIÈME.

De la civilisation.

La découverte de certaines vérités peut se rencontrer sur le chemin de la science; mais leur nature ne s'élevera jamais bien haut, s'il ne remonte au premier principe, parce que les sciences, parvenues à un certain degré d'élévation, se trouvant liées aux vérités morales et religieuses, ne sauraient dépasser une région où l'on ne peut plus faire un pas en avant qu'en s'attachant à l'Être des êtres. La tête n'est devenue riche d'idées qu'après avoir reçu des inspirations d'en haut; et l'on doit penser que les premières paroles de l'homme ont été un cantique chanté par la famille réunie pour rendre des actions de grâces à son Créateur. Voilà la véritable origine de la société. Si donc la pensée de l'homme s'est formée par l'inspiration de Dieu, plus l'homme s'éloigne de cette inspiration, plus il s'éloigne du centre de la science, et plus la vérité lui devient étrangère.

Ce ne sont point les découvertes d'Archimède qui ont servi à la civilisation du genre humain.

Les écrits de Platon et de Cicéron, monumens les plus vénérables de l'antiquité, n'ont pas garanti de la servitude un seul homme tombé sous la puissance des armes grecques ou romaines; et l'on était si éloigné de penser que l'amour était le lien qui devait unir les hommes, qu'Aristote écrivait que des hommes étaient nés pour être esclaves, et d'autres pour commander. La publication de l'Evangile a rendu le genre humain à la civilisation; et tous les philosophes, même les plus prononcés contre le christianisme, s'ils ont publié quelques vérités utiles, ils les ont puisées dans le Code divin.

L'homme, par sa dégradation, avait attaché la vérité à une croix; et il a fallu le sang d'un Dieu pour l'en faire sortir, et la faire couler dans le cœur du genre humain. L'homme ne pouvait se rapprocher de Dieu, Dieu a voulu se rapprocher de lui par un sacrifice. Or, le sacrifice d'un Dieu doit être proportionné à son immensité; ainsi la nature de Dieu, en s'humanisant, a divinisé la nature humaine, qui, par cette voie, est entrée dans l'éternité, qui appartenait à Dieu seul.

La terre serait couverte de livres dans ce qui peut flatter nos sens, que la civilisation n'y gagnerait rien. La civilisation dérive de la vérité contenue dans le christianisme; et tout ce qui marche en sens contraire de sa destination, doit finir par se perdre dans l'épaisseur des ténèbres. Athènes et Rome ont brillé par l'éloquence de leurs orateurs et les écrits de leurs philosophes; mais cette lumière, semblable à celle de l'astre de la nuit, laissait toujours quelque chose de pâle sur les sujets qu'ils traitaient. C'était bien de la lumière, mais ce n'était pas la véritable lumière. La venue du Seigneur a été, dans le monde moral, comme l'apparition du soleil dans le monde physique, qui, en dissipant toutes les ombres, a rempli l'univers de ses rayons.

LIVRE DEUXIEME.

CHAPITRE PREMIER.

De la monarchie et de la souveraineté du peuple.

La société a sa première racine dans la paternité; et c'est dans le sein de la paternité que s'est formée la monarchie. Tout gouvernement, quel qu'il soit, a eu pour origine sa monarchie; et tout ce qui s'est écarté d'elle, dans sa forme, n'a été que l'effet d'un accident, et n'a dû son existence qu'à une cause occasionnelle.

La bonté essentielle de la monarchie héréditaire est celle qu'elle tire de la nature par l'existence d'un gouvernement sans le concours de ceux qui sont appelés à obéir : car tout droit dépendant de la volonté du peuple étant nécessairement précaire, ne saurait comporter de durée.

La nature du principe monarchique est une

volonté dans la succession des temps pour la conservation de ce qui existe.

La nature du principe démocratique, ou de la souveraineté du peuple, est que sa volonté actuelle est la loi : il exile Aristide parce qu'il est juste; il le rappelle parce qu'il est juste; dans l'un comme dans l'autre cas, il use de son droit.

Il y a contradiction dans le fait d'une monarchie héréditaire, qui porte avec soi l'idée d'une immobilité dans la succession du pouvoir, avec un principe qui reconnaît que tout pouvoir peut être révoqué par la volonté du peuple, seule puissance souveraine. Je conçois une monarchie modérée où la puissance du monarque est limitée par les lois; je conçois une aristocratie où l'autorité est dévolue aux plus anciennes et aux plus illustres familles; je conçois une démocratie où le peuple fait et défait les lois et les magistrats selon ses caprices; mais ce que je ne puis concevoir, c'est une monarchie héréditaire avec un peuple souverain. Nécessairement où le peuple est souverain, aucun pouvoir ne saurait exister par lui-même. On peut bien, dans une Charte, fixer la limite de chaque pouvoir, donner à chacun un palais et une salle, et lui prescrire ce qu'il doit faire; mais on ne peut empêcher que le principe de qui tous les pouvoirs émanent n'agisse dans la plénitude de sa toute puissance, quand cela lui conviendra, ou plutôt quand l'occasion s'en présentera. Dans un pareil moment, il est rationnel de penser que le pouvoir qui est le plus près du peuple se saisira de l'autorité souveraine, modifiera ou annulera ce qu'il croira devoir l'être, car se considérant comme la représentation du peuple souverain, les hommes alors du pouvoir diront : tout que ce que nous lui donnons vient de lui et retourne à lui.

Pour cacher ce vice inconciliable avec un ordre possible, on argumente que de pareilles catastrophes n'étant pas dans l'intérêt du peuple, ce sont des cas extraordinaires qui sont amenés par la nécessité des temps où ils ont lieu. A cela je réponds : les cas extraordinaires pour le peuple sont ceux qu'il jugera avoir ce caractère. En vain écrira-t-on sur le papier ou sur le marbre que la nouvelle autorité est inviolable ; celle à laquelle on succède avait été déclarée inviolable et sacrée. C'est, sans doute, un malheur pour le peuple s'il se trompe, mais en agissant ainsi il use de son droit. Ce n'est pas par une voie d'exception que le peuple peut révoquer ou transférer son droit. On l'a dit avec raison, ce qui n'est que le simple exercice d'un droit sans restriction, ne peut pas être une exception au droit commun ; c'est, au contraire, le droit commun même.

Ainsi, voilà un ordre de choses établi d'après lequel la disposition actuelle des hommes et des choses devient la règle, qui déterminera une Chambre à se choisir et à *bâcler* un gouvernement. M. Thiers a dit : Après moi, gouvernera qui pourra ; et moi je dis avec plus de certitude : Avec un tel gouvernement, gouvernera qui pourra.

CHAPITRE DEUXIÈME.

De l'ordre et du pouvoir.

Nos hommes d'Etat se croient bien forts en raison, lorsqu'ils demandent : Où réside la souveraineté ? La réponse est simple : elle n'est nulle part. Ce qui ne peut être qu'une cause de trouble et d'arbitraire ne saurait trouver place dans l'ordre social ; car la paix et la sûreté de tous étant le but de tout gouvernement, tout élément contraire doit en être écarté.

L'ordre n'est pas dans le pouvoir ; mais il est dans les élémens sur lesquels repose le pouvoir ;

et c'est là le malheur des hommes qui arrivent tout à coup au timon des affaires, de croire que plus leur pouvoir sera étendu, plus il aura de consistance et de durée. Si la bataille de Denain eût été perdue au lieu d'avoir été gagnée, nul doute que l'ennemi ne fût venu à Paris. La France eût perdu ses conquêtes acquises par cinquante ans de gloire ; mais Louis XIV n'eût pas cessé de régner, parce que la France et la personne du roi étaient regardées comme inséparables. Après la bataille de Waterloo, l'ennemi est entré dans Paris, et Napoléon cessa d'être empereur ; la raison en est que toute sa puissance reposait sur son épée. Cette épée une fois rompue, il ne put plus s'appuyer sur la nation ; ses lauriers ne s'étaient pas flétris sur sa tête, mais il ne trouva dans sa personne et dans ce qui l'entourait, rien de monarchique.

Si la manière de considérer les choses dépend essentiellement de nous, le changement de ces choses produit nécessairement dans les rapports qu'elles ont avec nous un changement dans nos sentimens, dans nos affections et dans nos idées. L'esprit monarchique d'une nation doit s'altérer chaque jour, lorsque le principe démocratique domine les Constitutions.

Quand en 93 on voulait tuer la monarchie à

coups de guillotine, on la représentait au peuple comme ne se soutenant que par des crimes; et personnifiant dans la personne de Louis XVI tout ce qu'on lui reprochait, le roi martyr fut livré en holocauste aux passions du jour. Aujourd'hui on ne veut pas tuer la royauté en tuant la personne des rois, mais on veut commencer par la rendre absurde et ridicule, pour chasser ensuite les rois. Le roi règne et ne gouverne pas, voilà la maxime du jour, ce qui ne signifie autre chose qu'un roi n'existe que pour avoir des châteaux et une liste civile de plusieurs millions. Tant que les dieux du paganisme furent considérés comme pouvant faire du bien aux hommes, ils furent vénérés dans les temples qu'on leur avait élevés; mais lorsque des idées nouvelles firent regarder leur puissance comme vaine et inutile, on les en chassa. C'était alors la vérité qui perçait les ténèbres pour éclairer et faire le bonheur du monde; c'est aujourd'hui le mensonge et le désordre qui envahissent la monarchie.

On veut avoir de l'ordre; mais on le veut à sa manière, c'est-à-dire avec des principes qui le repoussent. Il est bien vrai que tel système que ne comporte pas l'ordre peut devenir dans son exécution plus désastreux que tel autre contraire à l'ordre: mais tous les deux sont à une égale distance de l'ordre; il n'y a de différence entre eux que du plus au moins dans le mal qui en résultera. Ainsi, je ne crois pas plus, pour le rétablissement de l'ordre, à l'efficacité du système des 221, qui prend le nom de conservateur, qu'au système de M. Thiers; car ni l'un ni l'autre n'est dans le vrai.

On peut considérer la France, dans sa position actuelle, comme placée dans un juste milieu de l'arbitraire et de l'anarchie, qui sont ses deux extrémités. Chaque jour pour elle est gros d'une émeute ou d'une loi d'exception.

CHAPITRE TROISIÈME.

D'une Constitution écrite.

Les institutions politiques étant de nature à varier d'après les nouveaux rapports que le temps doit amener chez les hommes, une Constitution écrite ne peut jamais par sa nature être un monument durable. La lettre de ses dispositions ne pouvant varier, se trouve à chaque instant attaquée dans son esprit par les accidens journaliers de l'ordre de choses, et l'opinion variable de la société. Les lois politiques ont leur enfance, leur âge de virilité et leur caducité. Ce qu'il faut aux sociétés humaines, ce sont des préceptes de religion et de morale, autour desquels se coordonnent et se modifient les institutions qui forment la Constitution d'un peuple. C'est l'immortalité qui donne la vie et le mouvement à ce qui, par sa nature, s'altère et change chaque jour. La Constitution d'un peuple ne saurait se faire d'un seul jet. Une loi de la Providence a voulu que tout ce qui doit exister commence par un germe, et reçoive du temps son accroissement. Dieu seul a pu dire : *Que la lumière soit faite*, et la lumière fut faite. Ne cherchez donc point dans un principe, pour le moment présent, ce qui ne doit être que la production future de ce principe; car rien ne ressemble moins à la maturité de l'homme que son enfance.

Une Constitution écrite est de l'histoire qui apprend aux nations existantes comment se sont gouvernées les nations qui les ont précédées, par quelles institutions elles sont arrivées à la grandeur, à la stabilité et à leur décadence. Mais les institutions ne sont pas sorties subitement des mains des hommes, comme, d'après la fable, est sortie Minerve du cerveau de Jupiter. Sparte et Rome n'ont pas eu de Constitution écrite. La grande Charte d'Angleterre ne ressemble pas plus à la Constitution du pays, qu'un gland ne ressemble à un chêne : mais le temps a développé ce qu'elle renfermait. Lorsque le parlement rend un bill, il ne consulte pas la Constitution de M. Delolme, pour savoir s'il agit d'après les lois constitutionnelles de l'Etat, mais bien la tradition des temps, la jurisprudence fixée, les usages, les mœurs dans le changement qu'elles ont subi, et le sentiment intime dont chacun est pénétré, qui consiste à connaître jusqu'où peut aller et où doit s'arrêter le pouvoir, ce qui ne peut avoir lieu dans une Constitution écrite, qui devient une feuille morte devant les évènemens imprévus que le temps doit amener.

Mais s'il est arrivé qu'un peuple, après avoir vécu quatorze siècles sous les lois de la monarchie, fasse tout à coup table rase de ses institutions, il faudra bien, à moins de vouloir renoncer à vivre en société, qu'il se donne ou qu'on lui donne une Constitution qui règle les attributions du pouvoir dans un ordre hiérarchique, et même les marques de respect que l'on doit avoir envers le pouvoir; car à mesure que les devoirs s'effacent du cœur des hommes, il faut les y contraindre par l'Ecriture, qui leur prescrit des ordres. Voilà le problême que depuis cinquante ans la France est condamnée à résoudre. Ce qu'il y a de plus malheureux dans une pareille position, c'est l'opinion publique, fruit d'une révolution qui a toujours débordé les institutions données; et lorsque le pouvoir a voulu agir dans sa sphère, il ne s'est plus trouvé en harmonie avec ce qu'on lui demandait d'aller en avant. De là, le désaccord dans les différentes branches du pouvoir; de là, cette inquiétude vague dans les esprits, qui résulte d'une position sans consistance; de là, les coups d'Etat pour rétablir l'ordre, seule ressource restée au pouvoir: mais alors on ne croit plus voir que de l'arbitraire dans ce qui est contraire à la Constitution écrite. Et remarquez que dans une pareille position, un coup d'Etat ne peut jamais détruire le mal; car, ce qui est dans la nature d'une chose, ne peut cesser de se reproduire que par l'anéantissement de sa cause.

Sous un gouvernement que les siècles, les doctrines, la religion ont légitimé, le principe de conservation de ce qui est, agit sur tous les citoyens; et si les circonstances exigent un moyen de rigueur, ce n'est qu'une exception au cours ordinaire du pouvoir, qui, comme accident, ne peut jamais être employé que pour ramener la nation dans son état naturel: c'est un remède violent pour remettre l'équilibre entre les humeurs dérangées d'un corps bien et fortement constitué. Mais il entre dans l'esprit de la Constitution de l'Etat, de faire usage de ce moyen le moins possible, sous peine de l'affaiblir; autrement, s'il était obligé d'y avoir souvent recours, ce serait un signe certain qu'une révolution se prépare. Au contraire, dans un gouvernement nouveau, né d'une révolution où les esprits ne sont fixés sur rien dans l'étendue de leurs droits, c'est une condition de son existence: cela dérive de son principe. Tout ce qu'il y a à faire dans une pareille situation, c'est de considérer que la nation, par son génie, ses goûts, ses habitudes, doit se rapprocher le plus possible de son ancienne Constitution, en abandonnant tout ce que le temps a laissé derrière lui. Nous ne cesserons de le dire, c'est le temps qui fait la Constitution d'un peuple. Les lois fondamentales d'une monarchie de plusieurs siècles, conformes à sa nature, résisteront toujours à de nouvelles lois qui lui seraient contraires. Vous croyez avoir détruit les anciennes lois, parce que vous avez détruit tout ce qui était sensible à vos yeux et pouvait tomber sous vos coups; mais elles n'en existent pas moins dans le corps social; ce n'est pour elles qu'un déboîtement que la nature tend à remettre dans son ordre naturel.

CHAPITRE QUATRIÈME.

Examen historique et politique de la Constitution anglaise.

Quoique la grande Charte donnée par Jean-sans-Terre, en 1215, soit considérée comme le point de départ de la Constitution anglaise, il est plus exact de dire que ce ne fut que sous Henri VII que les communes prirent rang dans le parlement, et s'acheminèrent dès ce moment-là au partage de la puissance souveraine. Jusqu'alors, l'exercice de cette puissance avait été une lutte entre le monarque et les seigneurs. Henri, pour diminuer le pouvoir de ceux-ci, fit proposer dans le parlement un bill qui permit aux seigneurs de vendre leurs fiefs et leurs terres. La plupart d'entre eux, ruinés par le luxe et par les guerres civiles, consentirent à se dépouiller de leurs anciens priviléges pour profiter des grosses sommes qu'ils retirèrent de la vente de leurs fiefs; mais les communes, devenues propriétaires des terres, ne tardèrent pas à faire valoir leurs droits pour prendre part à l'administration des affaires publiques. D'abord, le monarque s'appuya de l'autorité des communes pour augmenter l'autorité royale; c'est ainsi qu'il prépara à son fils Henri VIII une autorité absolue, qu'il exerça pendant toute sa vie. Remarquez que l'autorité des communes ne fut d'abord qu'un auxiliaire à l'autorité royale, et qu'il est dans l'ordre de la nature que toute autorité ne devient forte que parce qu'elle a été faible dans son principe; tandis que l'autorité colossale, à sa naissance, n'ayant qu'une force d'accident, s'abat et tombe tout à coup. A Rome, l'autorité du tribunat, si faible à son origine, devint par la suite l'autorité la plus redoutable; en Angleterre, le temps a donné à la chambre basse cette autorité prodigieuse qui doit finir par renverser et la royauté et l'aristocratie.

A Rome, la puissance tribunitienne devait toujours augmenter, jusqu'au moment où la république passa sous le gouvernement monarchique; en Angleterre, au contraire, la puissance royale et la puissance parlementaire ont agi alternativement avec succès, l'une contre l'autre, selon la faiblesse ou la fermeté des monarques. Sous le règne d'Elisabeth, les membres de la chambre voulurent accroître leur autorité; mais cette princesse, d'un caractère fier et absolu, les traita d'impertinens et leur imposa silence. Jacques Ier, qui lui succéda, prince faible, eut beaucoup de déférence pour le parlement, qui s'habitua, sous son règne, à gouverner plutôt qu'à obéir, et plaça Charles Ier dans la position funeste où les circonstances le jetèrent par la suite.

Ce n'est que depuis que la maison d'Hanovre occupe le trône d'Angleterre, que ses rois ayant renoncé à faire en personne la guerre sur le continent, que ce gouvernement a reçu une régularité dans sa marche. De là, trois choses à considérer : d'abord, l'affaiblissement dans le principe monarchique; en second lieu, la révolution de 1688 ayant été faite dans l'intérêt de l'aristocratie, cette aristocratie a dû s'élargir dans ses prérogatives, ou plutôt le gouvernement a changé de nature; de monarchique il est devenu aristocratique, sous le déguisement d'un gouvernement parlementaire; mais cet équilibre si habilement conçu, et le produit de deux siècles, se trouve aujourd'hui ébranlé par les idées du jour : ce n'est plus au temps qu'est abandonné le pouvoir de combiner les élémens d'une Constitution où la volonté impétueuse et intempestive de l'homme, qui s'interpose, veut que tout soit soumis à sa règle. Enfin, une chose bien digne de remarque, c'est que les deux pouvoirs, toujours rivaux, n'ont pu se régulariser qu'après l'introduction d'un troisième pouvoir, celui des communes. Il en est de cela comme de deux substances d'une nature opposée, qui ne peuvent se combiner que par un troisième agent. Maintenant, ce n'est plus l'aristocratie qui dispute le pouvoir à la monarchie, c'est la démocratie qui, en renversant l'aristocratie, entraînera dans sa chute la monarchie : l'époque seule est plus ou moins éloignée, selon la violence des temps.

CHAPITRE CINQUIÈME.

De l'équilibre des pouvoirs.

On demande s'il y a possibilité d'un équilibre dans trois pouvoirs d'une nature différente, et égaux pour la confection des lois. A cette question je réponds : Il n'appartient qu'à Dieu seul de régler par sa volonté les révolutions des planètes, et de les assujétir à des lois régulières ; mais l'homme, né avec le libre arbitre, n'a pu obliger les volontés de l'intelligence humaine à se mouvoir constamment dans la même direction. Où il y a pouvoir de plusieurs d'agir, il peut y avoir consentement, adhésion momentanée dans la volonté d'un seul; mais il ne saurait y avoir état permanent. Je vois régner l'union et la concorde dans une famille; mais j'y vois en même temps une volonté devant laquelle toutes les autres des membres de la famille fléchissent respectueusement : c'est celle du père; et je ne fais aucun doute que la paix ne soit due à cette volonté unique. C'est, me dira-t-on, que, dans l'ordre social, la volonté de l'un des trois pouvoirs pouvant paralyser celle de l'un ou celle des deux autres, que là se trouve l'équilibre. Il faut donc supposer qu'il y aura toujours accord dans les trois pouvoirs : tant vaudrait-il n'en avoir qu'un; et il est dangereux que l'opinion publique ne se range du côté de l'un de ces pouvoirs. Or, qu'arrivera-t-il si ce pouvoir marche dans une ligne autre que celle qu'on prétend lui être prescrite? nécessairement une révolution, rien n'étant plus difficile que mettre d'accord les esprits sur des dispositions écrites, lorsque chacun veut faire sortir de leur interprétation des droits qu'il prétend lui être acquis. S'il n'existait point de tribunaux, c'est-à-dire une autorité compétente pour régler les droits civils des particuliers, jamais deux hommes ne tomberaient d'accord dans l'application de leurs titres pour la plantation d'une borne. Cependant, nous dit-on, le phénomène politique de l'équilibre des trois pouvoirs se reproduit journellement chez nos voisins les Anglais. Mais ce phénomène que vous admirez n'est pas le produit d'une combinaison humaine, mais bien du temps. Les Anglais ont cru à son existence, à sa puissance, non parce qu'elle venait d'eux, mais parce qu'elle les avait précédés, et en quelque sorte façonnés à vivre de la sorte. La Constitution anglaise est arrivée à son apogée ; et jamais elle n'eût été ce qu'elle est aujourd'hui, si elle eût été ce qu'elle est il y a deux siècles : de même aussi elle n'eût pas été ce qu'elle est, si elle eût touché au continent par un coin de terre ; car les accidens de la nature, comme ceux du temps, entrent dans la combinaison de la Constitution d'un peuple. Nous en revenons toujours à dire : C'est une loi de la nature, qui veut que tout ce qui doit produire un effet complet et de longue durée, soit soumis au travail du temps. Si votre Charte est parfaite, parce qu'elle renferme tout ce que les hommes ont fait de mieux, je dis alors qu'elle est mauvaise, parce que sa bonté toute relative ne pouvant s'accroître avec le temps, elle ne saurait demeurer telle : il faut que le temps ait prise sur elle, soit pour l'améliorer si elle en est susceptible, soit pour la détruire si elle ne peut entrer dans ses combinaisons. Le pouvoir monarchique a reçu, d'après votre système, toute l'étendue dont il était susceptible dans un gouvernement représentatif; de son côté, le pouvoir démocratique a été fixé dans la voie la plus large et la plus compatible avec la monarchie : mais il est dans la nature des choses que tout ce qui a reçu un principe de vie et d'activité agisse pour étendre sa sphère. Si l'un des deux principes, mis en présence d'après des circonstances données, agit avec plus d'énergie que l'autre, et surtout s'il est favorisé dans sa marche par un évènement, que deviendra le pouvoir qui doit maintenir l'équilibre ?

CHAPITRE SIXIÈME.

Ce sont les mœurs, les usages, la localité du pays qui décident de l'esprit et de la forme de la Constitution d'une nation.

Il n'y a peut-être rien de plus funeste pour un pays qui a subi une révolution dans ses lois fondamentales, que de vouloir l'assujétir, par esprit d'imitation, à la forme de la Constitution

LIVRE TROISIEME.

CHAPITRE PREMIER.

Dans quel esprit a été fait, après la révolution de juillet, la loi des colléges électoraux. Nécessité de la réforme.

Après le fameux *il est trop tard* de M. de Lafayette, le gouvernement fut démocratique. Le duc d'Orléans reçut la couronne ; mais il la reçut avec toutes les conditions républicaines qu'on voulut lui imposer ; ce qui fit dire que c'était la meilleure des républiques. Ainsi, la Chambre élective imprima sa souveraineté sur le bandeau royal. Ce traité de la révolution avec la royauté trouve son application dans la fable du *Rat et la Grenouille*, par La Fontaine :

Un rat plein d'embonpoint, gras et des mieux nourris,
Et qui ne connaissait l'Avent ni le Carême,
Sur le bord d'un ruisseau égayait ses esprits.
Une grenouille approche, et lui dit en sa langue :
« Venez me voir chez moi, je vous ferai festin »
Messire rat promit soudain ;
Il n'était pas besoin de plus longue harangue.

Elle allégua pourtant les délices du bain,
La curiosité, le plaisir du voyage,
Et cent beautés à voir le long du marécage :
Un jour il conterait à ses petits enfans
Les beautés de ces lieux, les mœurs des habitans,
Et le gouvernement de la chose publique
Aquatique.
Un point sans plus tenait le galant empêché ;
Il nageait quelque peu, mais il fallait de l'aide.
La grenouille à cela trouve un très-bon remède:
Le rat fut à son pied par la patte attaché ;
Un brin de jonc en fit l'affaire.
Dans le marais, notre bonne commère
S'efforce de tirer son hôte au fond de l'eau.
. . . .

Il fallait cependant établir des rapports entre la Chambre élective, comme premier pouvoir, et le peuple, dont on venait de proclamer la souveraineté ; de plus, entre le roi des Français, dont la première condition de l'élection était de subir la volonté de la Chambre. Quant à la Chambre des pairs, elle s'effaçait entièrement, et n'existait plus que pour mémoire.

On ne fait pas une révolution pour n'être rien, et aller ensuite se perdre dans la foule. Chacun des meneurs pensa à se conserver la portion du pouvoir qu'il s'était acquise. On était trop peu rassuré sur la valeur de son propre mérite pour en faire l'épreuve. En présence de l'exercice des droits de la nation, on craignit de voir s'élever des têtes de pavots. Pour parer à cet inconvénient, on ne vit rien de mieux que de donner au pouvoir, pour premier agent, la corruption. A cette fin, on eut recours à la classe moyenne. Cette classe d'hommes n'est pas celle qui a le plus d'étendue dans les idées, mais celle qui est la plus nombreuse en intelligence. Comme les emplois subalternes sont les plus nombreux, et on en créerait même s'il était nécessaire, on a calculé qu'en morcelant les colléges électoraux, chaque électeur pouvant, selon ses capacités, avoir l'espoir d'occuper un emploi, lui ou les siens, devait tomber, par cet acte d'attente, sous la dépendance de l'autorité. Cette tactique eut d'abord un plein succès : on ne se rendit plus au collége de son arrondissement dans un esprit d'intérêt général, mais dans un esprit d'intérêt personnel. Malheureusement pour le système, on envoya toujours les mêmes hommes à la Chambre ; le favoritisme des députés s'établit envers certains électeurs toujours à leur disposition, comme il s'était établi pour eux de la part des ministres. On arriva à la Chambre, non seulement avec l'intention de faire sa fortune, mais aussi avec celle de travailler à celle des électeurs qui avaient concouru au succès des élections. Dès-lors plus de rapports d'un intérêt général entre les députés et les ministres, mais bien des rapports d'intérêts privés. Le nombre des emplois et des faveurs devenant insuffisant devant le nombre des sollicitations, on se détacha insensiblement d'un ministère, à mesure qu'il pouvait moins donner. On rentra dans l'intérêt général par la voie du mécontentement et des refus qu'on avait éprouvés. Une fois la majorité perdue, il fallut avoir recours à la dissolution des Chambres. Mais la même division qui avait existé dans la Chambre des députés, se révéla dans les colléges électoraux.

Le ministère, oubliant toute pudeur pour obtenir une majorité, excita le scandale dans la présentation de certains candidats. Le mépris général ne fut pas un motif pour être porté par lui, mais il ne fut pas un motif d'exclusion. Dans cet état de choses, une majorité ministérielle devint impossible. La Chambre, quoiqu'elle n'eût pas une majorité bien prononcée, mais se souvenant qu'elle avait créé la royauté de juillet, mit cette royauté en demeure de nommer un ministère pris dans les rangs qu'elle indiquait. La royauté se prévalut, dans son refus, du défaut de majorité : ce fut alors que chacun chercha où était le gouvernement et s'inquiéta de son repos (1) : symptôme certain d'une prochaine révolution. La royauté, au lieu de pénétrer dans le fond des choses, ne vit que des ennemis dans les chefs de l'opposition ; comme si les hommes ne devaient pas toujours se placer dans la position où les circonstances les appellent. Si MM. Thiers et Barrot se fussent mis dans les rangs ministériels, d'autres auraient pris la place de MM. Thiers et Barrot dans l'opposition.

Une faute énorme qu'a faite la royauté, ça été de nommer un ministère intérimaire. Un roi, quel qu'il soit, constitutionnel ou absolu, doit toujours paraître, aux yeux de la nation qu'il gouverne, au-dessus des obstacles dont il a à se défendre, et avoir pardevers lui des moyens d'en triompher. L'opinion suppose qu'il intrigue, chose qui est au-dessous de la dignité d'un roi, lorsqu'on voudrait qu'il agît. Dans un pays où toute la politique se déroule à la tribune, si le pouvoir hésite et tremble devant le langage des tribuns, il perd toute son influence sur les esprits ; on le croit au-dessous de ce qu'il doit être.

(1) *Si ubi jubeantur quære singulis liceat,*
Pereunte obsequio, etiam imperium intercedit.
(Tacite.)

Le grand avantage du pouvoir royal, c'est d'avoir toujours des moyens d'exécution dans ses résolutions; et ces moyens ne doivent jamais rester inaperçus. A quoi a conduit ce ministère intérimaire? A appeler au ministère M. Thiers, l'homme pour qui on avait le plus d'éloignement. Si, d'un autre côté, la royauté de juillet a cru qu'en nommant un ministère intérimaire, elle faisait en quelque sorte un appel à la nation pour lui montrer que son autorité avait été réduite à une proportion si étroite qu'il lui était impossible de s'acquitter de la mission qui lui avait été confiée, elle est tombée dans une grande erreur. Quand le pouvoir monarchique et le pouvoir démocratique sont en présence l'un de l'autre pour disputer leurs prérogatives, tenez pour certain que le pouvoir démocratique aura l'opinion puplique de son côté. Le pouvoir monarchique n'est sûr alors de son triomphe que par une prompte résolution, qui décide tout à coup la question: c'est en étonnant les esprits qu'on parvient à les vaincre.

Qu'y avait-il à faire dans une pareille circonstance? Il est bien évident que c'est par l'effet de la loi électorale que la royauté demeure en quelque sorte asphyxiée dans la sphère où elle a été renfermée: cette loi est tout à fait anti-monarchique, parce qu'elle ne comprend pas tous les intérêts de la nation. Or, il ne peut y avoir de bonne loi dans une monarchie, qu'autant que la pensée royale, qui s'étend sur tout, lui donne la vie. Le monarque qui, plein de l'idée de sa puissance, disait : l'Etat, c'est moi, tenait un langage bien fier ; mais rien en cela n'était contraire à la vérité ; car représentant tous les intérêts de la nation, sa force et son droit ne pouvaient venir que de l'union dans sa personne de tous ces intérêts. S'il existait un pays où une bien petite partie de la nation eût reçu le privilége d'élire des représentans pour défendre ses intérêts, cette loi serait mauvaise ; sa nature étant contraire à son principe, le droit de tous confié à tous, elle manquerait de l'élément qui lui serait nécessaire. En scindant la nation en deux portions, pour l'une être mise en rapport avec la royauté, et l'autre entièrement séparée d'elle dans ses intérêts, cette portion formant la grande majorité, ou plutôt la presque totalité de la nation, en s'éloignant de la royauté, lui retirerait sa confiance, et l'indifférence pour elle formerait son caractère. Mais qu'on se garde bien de prendre l'échange ; moins il y aura de réalité dans le gouvernement représentatif, plus son apparence enfantera de mécontens ; c'est qu'à défaut de réalité, le mécontentement est au fond des choses: rien peut-être ne mettant plus d'irritation dans les cœurs que la jouissance de certains droits en présence de ceux qui en sont privés. Si Louis-Philippe avait un Sully près de lui, il lui donnerait le conseil de la réforme électorale.

Ce qui se passe sous nos yeux nous prouve combien le mal est grand, et qu'une loi dans laquelle tous les intérêts seront représentés devient indispensable. Mais il est nécessaire que cette loi soit l'ouvrage du cabinet, et non présentée par la Chambre, afin que le mouvement appartienne tout entier à la couronne. Les décisions acquerront alors plus de confiance et plus de vigueur. La lice pour la concurrence du ministère s'agrandissant, le choix aura plus d'importance, plus d'influence sur les esprits. On s'ennuie, et peut-être qu'on est humilié d'entendre dire continuellement qu'il n'y a que trois ou quatre hommes connus qui soient capables d'être ministres. D'un autre côté, les ministres, en cessant d'être obligés de jouer le rôle de corrupteurs dans les colléges électoraux, se trouveront être plus à l'aise à l'égard des députés, qui eux-mêmes nommés par des électeurs dont la mission sera temporaire, n'auront plus à prendre des engagemens d'une condition *sine quâ non* pour des élections d'avenir.

En présence de l'opinion publique, qui se manifeste d'une manière si énergique pour la réforme, quelques personnes voudraient se borner aux capacités. Ce serait mettre une double charge dans l'arme qui doit donner la mort à l'état actuel de choses : les capacités sont trop exclusives dans leurs prétentions ; et si elles avaient la supériorité numérique sur les intérêts matériels des contribuables, la France ne serait bientôt plus qu'un essai de théories politiques ou de tentatives d'utopies.

Le malheur des révolutions, c'est que ce dont on parle le plus est ce qu'on respecte le moins. Le droit en France d'élire des députés pour défendre les intérêts de la nation est né avec la monarchie. Un droit acquis faisant partie de la monarchie ne peut pas plus être restreint qu'il ne peut être donné. Une assemblée a bien pu proclamer des droits dont le peuple avait été privé depuis plus de deux siècles ; mais il ne lui appartenait pas de restreindre ce qui était l'héritage de tous. C'est en se donnant le privilége de créer arbitrairement des droits qu'on a bouleversé tous les principes. En proclamant la souveraineté du peuple, on a mis la couronne dans la dépendance d'une Chambre nommée par le peuple. Les droits du roi à la couronne sont aussi indépendans du peuple que ceux du peuple dans le choix de ses députés sont indépendans du roi. L'ordre est néanmoins au fond de ces choses; si vous en sortez, il ne peut plus rien y avoir de stable. Je comprends le droit d'une assemblée de régler par une loi le mode d'élection; mais ce droit ne peut jamais s'étendre au-delà. Quel est le téméraire qui le premier a pu dire : A toi, je te donne le droit d'élection, et à toi, je le retire?

Il en est de l'ordre social comme de l'ordre physique du monde : c'est par la combinaison des différens élémens qu'il en sort l'harmonie et la fructification de tous les êtres. Si vous les sépariez, la nation serait stérile. Ainsi, la classe moyenne, livrée à toutes les petites passions d'intérêts privés auxquels elle appartient par ses habitudes, manquant de contact avec les grandes affaires, dirigée par l'envie qu'elle éprouve dans ce qu'elle voit au-dessus d'elle, ne saurait concevoir par elle-même rien de grand, rien d'utile dans un intérêt général. Il faut qu'elle s'associe, par son intelligence, aux sommités de la société, qui, de leur côté, ont besoin des passions du peuple, afin de l'aider dans les conceptions qui doivent donner à la politique toute la noblesse et toute la vigueur dont sa nature est susceptible; jamais il n'est sorti de la classe moyenne le sujet d'un poème épique, car de grandes conceptions ne peuvent se rencontrer que dans la tête de ceux que leur position sociale met à même d'en comprendre les rapports, et dans les sentimens qu'éprouve le peuple pour leur faire prendre l'essor qu'elles doivent avoir.

Le peuple naturellement n'est pas l'ennemi des hautes classes de la société: n'ayant ordinairement de rapports avec elles que pour en recevoir des libéralités, tandis que par ses rapports presque journaliers avec la classe moyenne, il lui donne plus qu'il n'en reçoit. Ce que le peuple exige d'un homme ayant un haut rang, c'est de la libéralité: l'avarice, chez ce qu'il appelle un *grand*, est pour lui une monstruosité. Aussi, a-t-il un tact merveilleux pour distinguer un homme parvenu subitement à la fortune. Cela n'a rien d'étonnant: celui qui est arrivé à la fortune d'un seul saut, et souvent par des moyens que la morale et la religion repoussent, ne peut être dans l'intention de disposer gratuitement de ce qu'il met au-dessus de toutes choses, tandis que celui qui tient son patrimoine de ses aïeux, en se livrant à un acte de bienfaisance, n'éprouve aucune peine de donner ce qui ne lui a rien coûté ; au contraire, il ressent un contentement de pouvoir obéir au sentiment qui fait battre son cœur.

CHAPITRE DEUXIÈME.

Du mouvement révolutionnaire en France et en Angleterre.

Dans tout Etat où un élément démocratique fait partie de la Constitution, il s'y forme des fermens de division et d'inquiétude qui condamnent le pays, sous peine des plus grands malheurs, à porter chez l'étranger ce violent désir de domination qui le tourmente. Ce qui se passe aujourd'hui en France et en Angleterre se retrouve dans ce qu'on voyait autrefois à Rome et à Carthage : tant il est vrai que la nature, si variée dans ses formes, est toujours conséquente dans ses moyens d'agir. Cette dernière république ne faisant la guerre que pour augmenter les richesses de son commerce, soumettait les peuples des côtes de la Méditerranée en y fondant des colonies qui la débarrassaient de la surabondance de sa population, et rendait ces peuples ses tributaires. Rome, au contraire, qui ne connaissait de gloire et de grandeur que par la conquête, ne pouvait trouver de repos chez elle qu'en commandant chez les autres.

L'Angleterre, avec le spectacle effrayant de ses hustings, semble devoir à chaque instant se précipiter dans l'abîme des révolutions; mais mettant toute son intelligence à étendre son commerce, la violence de l'élément démocratique vient s'arrêter d'une manière toute merveilleuse devant sa cupidité, en voyant le gouvernement établir des colonies et des comptoirs chez des peuples situés au bout du monde, qu'on croirait ne devoir exister que pour ajouter à ses richesses. La France, à qui le temps avait déposé, par suite de son esprit d'honneur et d'amour de la gloire, le sceptre de la première puissance continentale, renfermée dans un système de paix, tourne contre elle-même le ferment de la démocratie qu'elle porte dans son sein. Dans cet état de choses, les hommes du jour cherchent un remède en tournant les esprits vers des objets matériels; et le résultat de cette politique est que tout s'individualise, tout prend un caractère d'un intérêt privé; les populations tombent dans l'indifférence et se détachent du gouvernement. C'est dans la Chambre élective que se concentre alors tout le principe démocratique, qui, mis en présence du principe monarchique, lui dispute l'action du gouvernement. Une pareille situation fait croire qu'on est à la veille d'une révolution. Chose bizarre! le principe monarchique se sentant défaillir, a besoin d'une insurrection pour se raviver; et si, dans de telles circonstances, une insurrection éclate, l'opinion publique l'impute à l'autorité, comme moyen nécessaire à sa conservation.

Nous sommes plus près d'une révolution que les Anglais, parce que l'impétuosité de nos idées nous pousse à agir. Mais la révolution qui se prépare en Angleterre sera plus terrible, parce qu'il y aura plus de sommités à abattre.

CHAPITRE TROISIÈME.

De la Chambre des Pairs en France.

Tout pouvoir qui, par la Constitution de l'Etat, faisant partie de la puissance législative, s'est soumis à recevoir son existence d'une autre branche de la même puissance, a cessé par cela même d'être pouvoir. La Chambre des pairs ayant été mutilée par la seule volonté de la Chambre élective, n'ayant rien qui l'attachant au sol de la France, qui puisse lui imprimer une force aristocratique, se trouvant placée entre le pouvoir démocratique et le pouvoir royal, ne saurait être un pouvoir modérateur, un pouvoir de résistance pour empêcher le triomphe de l'un sur l'autre des deux autres pouvoirs. Sa destinée est de recevoir la loi du vainqueur, pour agir contre le vaincu. Sans ce rapport, la Chambre des pairs, comme pouvoir judiciaire, peut devenir dangereuse aux libertés publiques. Par un coup d'Etat, la puissance royale peut changer les élémens de la puissance démocratique; de son côté, la puissance démocratique peut, par une révolution, devenir un Sénat souverain. Mais la Chambre des pairs, dépourvue de tout ce qui constitue la force, ne saurait en attirer aucune à soi; et dans un moment de crise, l'un des autres pouvoirs qui voudrait s'étayer de son secours, par cela même se perdrait : car ne trouvant pas en elle ce qui lui manque, elle serait pour lui un embarras : rien n'étant timide comme un corps délibérant qui ne porte pas en lui un principe d'action et de conservation.

La Chambre des députés tire sa force du choix qu'en a fait la nation, et de l'opinion où elle est qu'elle la représente. La royauté est populaire dans les esprits, par le sentiment général qu'on éprouve du besoin de son existence pour la sûreté et le bonheur de tous. Si cependant, par un égarement de l'opinion, cette popularité se perd, la puissance royale trouve un auxiliaire dans le commandement de la force armée. Mais la Chambre des pairs est privée de tous ces moyens. On peut considérer qu'en France, le gouvernement représentatif a été faussé par l'absence d'un pouvoir dépourvu d'une force coercitive qui ramène le pouvoir démocratique et le pouvoir royal dans leurs attributions respectives.

CHAPITRE QUATRIÈME.

De la Chambre des députés.

M. Fonfrède a dit que les rois viennent d'en haut, et que la France portait dans ses entrailles la monarchie de juillet. M. Fonfrède aurait parlé plus exactement s'il eût dit que la révolution de juillet portait dans ses entrailles la république, et que la famille d'Orléans, en recevant la couronne d'une assemblée démocratique, n'entrait dans la nouvelle Constitution que comme la forme et non comme principe conservateur de la monarchie : car un pouvoir qui crée un pouvoir ne peut jamais devenir, dans sa pensée, inférieur et même égal à son ouvrage. Il porte avec lui le sentiment que ce qu'il a fait, il l'a fait par sa propre puissance, et que son droit ne saurait être épuisé. Dans la Charte qui nous régit, le pouvoir démocratique a précédé le pouvoir monarchique. L'un s'est constitué de lui-même, l'autre a reçu la puissance d'autrui. La Charte, dit-on, a posé les règles d'après lesquelles chacun des trois pouvoirs politiques doit exercer ses droits. Mais tout contrat, pour être interprété, doit être soumis, en cas de contestation, à une autorité supérieure; et ici, où est l'autorité pour prononcer sur un conflit? La Chambre peut être dissoute, c'est un droit qui fait partie de la royauté. Mais si la Chambre est composée des mêmes élémens, comment se terminera la lutte? . . . .

. . . .

Pourquoi, pourra-t-on me demander, la Chambre élue par la nation n'aurait-elle pas pu créer un pouvoir monarchique en élisant un roi, lorsque Louis XVIII avait, de sa propre volonté, octroyé une Charte qui constituait un pouvoir démocratique ? C'est précisément parce que Louis XVIII représentant le principe monarchique, n'a pu faire bien ou mal que de la monarchie; de même, le pouvoir démocratique n'a pu faire que de la démocratie; chacun des deux pouvoirs a agi d'après sa nature. Les droits de la nation étaient réglés par les anciennes lois de la monarchie; le roi ne pouvait s'en séparer; en en détournant la base, il lui a donné la mobilité de la démocratie.

CHAPITRE CINQUIÈME.

Pourquoi la guerre n'a pas eu lieu après la révolution de juillet.

Après la révolution de juillet, une politique ferme et bien entendue de la part de celui qui venait d'être reconnu le chef de l'Etat, exigeait la guerre : Cromwell et Napoléon n'y eussent pas manqué. Mais la possession d'une couronne n'enlève pas le poids des années. Si l'activité est un besoin pour un roi jeune et ambitieux, le repos en devient un quand on approche de la vieillesse. On travaille dans la jeunesse pour acquérir de la gloire; mais arrivé à une certaine époque de la vie, on cesse de vouloir entendre le bruit des armes, pour jouir des biens qui nous sont acquis. On s'enfonce dans le dédale de la diplomatie et des protocoles, en se persuadant qu'on donnera une haute idée de sa sagesse et de son habileté. Quand Louis-Philippe s'est assis sur le trône de Louis XIV, il n'était plus dans l'âge où l'on s'enflamme pour la guerre ; sa position néanmoins l'obligeait de se mettre à la tête de son armée : car un roi élu est présumé porter la plus longue épée de son royaume ; sa force est dans l'opinion qu'on a conçue de sa valeur et de son habileté ; et il ne saurait sans danger confier à un autre le commandement de l'armée. Par la bataille de Marengo, Napoléon donna le baptême à son élection de premier consul, et par la bataille d'Austerlitz, il confirma son élection à l'empire. Il avait senti qu'une assemblée qui dispose du sceptre royal est toujours prête à le retirer, si on ne lui en ôte les moyens ; et que pour faire oublier l'autorité qui l'avait élevé à la puissance souveraine, il lui fallait acquérir l'admiration des peuples, en leur donnant beaucoup de gloire. La révolution de juillet avait tellement enlacé Louis-Philippe de son vouloir, qu'il ne pouvait se faire remplacer à l'armée par celui de ses enfans destiné à lui succéder. En supposant que le prince royal eût eu les talens militaires du vainqueur de Rocroi, dont il avait l'âge, si néanmoins la fortune lui eût été contraire lors de la première bataille, que n'eût-on pas dit? Tout le malheur eût été attribué à la faveur et à l'inexpérience d'un jeune homme qui aurait dû, aurait-on répété, apprendre à obéir sous des chefs expérimentés, avant de commander. Dans une telle alternative, il était difficile de vouloir courir les chances de la guerre. Il a donc fallu chercher à se faire des alliés. Mais quels devaient être ces alliés? Si la révolution de juillet n'osait se montrer sur un champ de bataille, il fallait néanmoins qu'elle conservât dans l'esprit des cabinets de l'Europe quelque chose de colossal dans son allure; et c'est avec cette apparence qu'elle devait offrir son alliance à la Russie. Je suis bien persuadé que le czar n'est point partisan de la révolution de juillet. Mais je pense qu'il eût sacrifié son ressentiment pour réaliser ce que lui et ses prédécesseurs ont toujours ambitionné. La politique du jour voulait que la révolution de juillet vînt en aide à la Russie pour dénouer la question de l'Orient, et lier à un sort commun ces deux révolutions. Il eût été facile de s'entendre avec l'Autriche et la Prusse. En un mot, il fallait refaire avec toutes les puissances du continent le traité de Westphalie, par lequel on aurait réglé les droits que l'Autriche veut exercer sur l'Italie, et les prétentions de la Prusse sur l'Allemagne. La France aurait eu pour son lot la Belgique et les provinces Rhénanes. On aurait compris dans la nouvelle organisation de l'Europe, la Pologne, à qui on aurait rendu sa nationalité. Car, qu'on en demeure bien convaincu, la Pologne ne peut recouvrer son indépendance que par une alliance entre la France et la Russie. Mais toutes ces combinaisons qui se présentaient naturellement à l'esprit, ont échoué devant la crainte qu'a inspirée l'Angleterre, qui a paru, aux yeux du cabinet français, comme le géant des mers dont le trident devait commander au monde. Il est certain que l'Angleterre sera toujours opposée à l'alliance de la France avec la Russie; et si jamais cette alliance pouvait avoir lieu, dès ce jour-là, l'Angleterre serait réduite à une puissance du second ordre : c'est ce que l'Europe doit désirer pour son repos; car partout où la guerre pourra s'allumer sur le continent, on est sûr d'y trouver la politique anglaise.

Quand le monde politique touche à une grande crise, il suffit qu'une tête forte soit appelée à tenir les rênes du gouvernement en France, pour en régler les effets. A défaut d'un cardinal de Richelieu pour placer la France au premier rang qu'elle est appelée à tenir, on s'est rendu l'allié de l'Angleterre, c'est-à-dire qu'on s'est mis à sa suite. Qu'on se le tienne une fois pour dit : l'Angleterre ne fera jamais de traité avec la France que dans l'intérêt de son commerce, et au détriment de celle-ci. Séparée du continent, le rôle adopté par elle est d'y semer la discorde, afin que tout le monde ayant besoin d'elle, le commerce de toutes les mers lui soit dévolu (1).

(1) L'auteur, dans un discours imprimé adressé aux électeurs en 1834, après avoir parlé des malheurs que prépare pour l'avenir le déchirement du pacte de famille, ajoute :

« On nous parle de l'alliance de l'Angleterre comme « d'une compensation! Messieurs, dans le cours ordi- « naire des affaires, chaque Etat entre dans le mouve- « ment d'après son importance : de là naissent des al- « liances d'intérêt commun de telle puissance avec telle « autre. Mais s'il existait une puissance séparée du con- « tinent qui possédât l'empire de la mer, certainement « cette puissance devrait y exercer une grande influence, « mais elle ne pourrait avoir de politique extérieure ar- « rêtée dans ses alliances ; ou plutôt sa politique, tou- « jours subordonnée à ce que voudrait son commerce, « serait aussi mobile dans ses alliances que les flots de « l'Océan qui l'entoure. La France étant une puis- « sance continentale, il lui faut une alliance continen- « tale dont les rapports d'intérêt soient permanens. Si,

Le cabinet du palais royal, pour cacher tant de pusillanimité aux yeux de la nation, s'est adressé aux passions du jour. On a dit que l'Angleterre, qui avait des institutions libérales, devenait notre alliée naturelle. Comme si c'était le plus ou le moins de ressemblance dans les institutions politiques, qui décide de la paix ou de la guerre chez les peuples, mais bien les intérêts. Pour avoir soin de donner de l'importance à cette alliance, on y a fait entrer la Belgique, le Portugal et l'Espagne ; et ce bizarre amalgame a été décoré du titre pompeux de *quadruple alliance*. La France a eu pour sa part le fardeau des révolutions de trois royaumes ; et l'Angleterre, pour la sienne, d'en exploiter tout le commerce.

Si vous vouliez intervenir dans les affaires d'Espagne, il fallait le faire avec ce caractère de grandeur que la France exige quand on parle en son

« dans ce moment-ci, l'alliance de la France est nécessaire à l'Angleterre, dans quelques mois d'ici, peut-être, le commerce de celle-ci exigera qu'elle renonce à notre alliance et qu'elle brûle nos flottes. Soyons en paix avec l'Angleterre, mais ne nous séparons pas de nos intérêts du continent pour contracter une telle alliance. »

(*Note de l'éditeur.*)

nom. C'est en vous entourant des ombres de Louis XIV et de Napoléon que vous deviez dire au cabinet d'Espagne : Puisque vous ne voulez pas reconnaître don Carlos pour votre roi, nous n'avons rien à dire ; mais la France a des droits acquis sur la couronne d'Espagne, et elle n'est pas dans l'intention de les abandonner ; la loi salique est devenue une loi fondamentale de l'Espagne, depuis l'avènement du duc d'Anjou au trône. Ce trône appartient, par la révolution qui en dépouille l'héritier légitime, à la maison de France ; et pour tout concilier, il sera déféré à un enfant de la maison occupant le trône de Louis XIV, lequel sera l'époux d'Isabelle, infante d'Espagne. Le peuple français eût été flatté d'entendre un pareil langage, qui lui eût rappelé celui de ses anciens maîtres, lorsqu'ils parlaient à l'Europe au nom de la France.

C'est en prenant le langage de la force envers l'étranger qu'on affermit son autorité, qu'on se fait des alliés, et souvent qu'on acquiert des provinces.

Il arrive journellement, pour les intérêts des particuliers comme pour les intérêts des nations, que ce que l'on redoute devoir produire un mal devient un bien, et que ce que l'on considère comme un bien devient un mal. L'Europe s'effraie sans doute avec raison de voir le colosse de la Russie s'avancer sur l'Orient, qu'il semble devoir écraser de son poids, en même temps qu'il met un pied sur l'Occident. Mais si jamais la Russie devient maîtresse de Constantinople, sa situation doit changer complètement. Constantinople et Saint-Pétersbourg ne sauraient rester sous la domination du même maître. Ainsi, le moment de l'occupation de Constantinople par le czar sera le moment de la division de l'empire de Russie. Voilà de nouveaux rapports qui doivent nécessairement se former avec toutes les puissances de l'Europe; et personne ne serait mieux dans le cas d'en profiter, d'en régler même l'étendue et la combinaison, que la France, que sa position met à même de devenir pour les puissances de l'Occident le contrepoids des puissances du Nord.

Une révolution, et surtout une révolution populaire, laisse toujours après soi des souvenirs de sang qui ne sauraient s'effacer, mais qui cherchent à se faire oublier par des évènemens ultérieurs et glorieux. Que serait, même aux yeux de la génération actuelle, la révolution de 89, chargée de tant de crimes, si postérieurement tant de batailles gagnées, tant de gloire acquise sur l'étranger n'étaient venues amnistier l'intérieur de la France? La révolution de juillet, pour vivre dans les esprits, avait besoin d'être suivie de quelque chose de grand, qui portât l'étonnement et l'admiration parmi les populations, non seulement de la France, mais de l'Europe entière; et c'est dans la question de l'Orient qu'elle devait montrer ce dont elle était capable.

Il semble que la nature ait façonné le caractère avec lequel chacune des puissances appelées à traiter ensemble de leurs droits doivent se montrer. On a remarqué que l'Autriche, par sa patience dans les querelles du monde, avait plus agrandi ses Etats par des alliances que par ses armes; l'Angleterre ne comparaît dans le congrès des rois qu'avec l'étalage de ses vaisseaux et le compte de ses comptoirs répandus dans tout l'univers; la France s'y présente avec la gloire de ses armes; et si elle pouvait y paraître autrement, elle aurait cessé d'être. Pour mieux comprendre la différence de l'esprit anglais et de l'esprit français, il faut se dire : Chez les Anglais, après une longue guerre, ils se demandent combien elle leur a valu de ports et de comptoirs; chez les Français, ils comptent combien ils ont gagné de batailles.

CHAPITRE SIXIÈME.

De l'unité du pouvoir, et de sa nécessité pour le maintien de l'ordre.

C'est après avoir apprécié la valeur des institutions qui nous régissent, que nous devons chercher par quelle voie le rétablissement de l'ordre peut s'opérer, et la solidité de la monarchie trouver son point d'appui.

L'ordre social, comme l'ordre de l'univers, est le produit d'une volonté unique. Une loi, quel que soit le mode adopté pour la faire, a nécessairement, par sa seule existence, l'unité de volonté. Tout pouvoir politique et civil a son origine dans l'unité de la puissance paternelle; la monarchie n'est que l'image de cette première puissance : mais l'affection des membres de la famille s'est altérée à mesure que les rapports se sont plus étendus et plus compliqués, sans néanmoins que l'unité, qui réside dans le pouvoir, eût cessé d'exister dans l'intérêt et pour la conservation de tous.

De même qu'un père peut régler avec ses enfans des conventions civiles dans leur intérêt commun, sans qu'il puisse renoncer aux droits que comporte la puissance paternelle, car cette puissance n'a pu prendre son origine dans une convention, mais bien dans le vœu de la nature, de même on peut, par des lois politiques, régler et fixer l'étendue de la puissance royale : mais aucun contrat ne saurait s'affermir qui, en méconnaissant le droit de la naissance du monarque, lui attribue par une convention le pouvoir ; car par cela seul que le droit acquis de la naissance ne pouvait être accordé, mais bien reconnu, les conditions de la convention peuvent toujours être contestées. Dès lors, ce qu'il y a de plus avantageux pour le repos et la sûreté des peuples, demeure toujours incertain (1).

(1) On me dira peut-être que cela ressemble beaucoup au *parce que* et au *quoique* : en y regardant un peu de près, on y trouvera une grande différence. Le *parce que* de M. Guizot n'a aucun sens, en ce qu'il reconnaît que le droit du duc d'Orléans acquis à la couronne provient de l'élection faite par la Chambre. Or, si la Chambre a pu conférer un tel droit, peu importe que ce fût *parce que* ou *quoique* le duc d'Orléans fût Bourbon ; ce n'était là qu'une courtoisie ; tandis qu'en le reconnaissant pour roi, c'était reconnaître que son droit provenait de lui, qu'il ne le tenait de personne. Dans le *parce que* de M. Guizot, le droit est attributif ; dans

Mais lorsqu'après une révolution qui a enseigné aux hommes que l'ordre social est la fin du contrat, soit entre les gouvernans et les gouvernés, ou plutôt entre le sujet et le prince, par une conséquence immédiate chacun s'est cru investi du droit de soumettre à l'examen de ses lumières et de ses sentimens, si les conditions en étaient observées. Dès ce moment, l'intelligence individuelle s'est formée suivant l'impression qu'elle éprouvait de l'ordre actuel des choses ; et il n'y a plus de possibilité d'établir un corps fixe de doctrines, avec les idées mobiles de chaque jour, pour la conservation ou l'abrogation de ce qui existe; car les doctrines ne sont qu'un ensemble homogène d'idées sur un sujet avoué. Je me trompe, on aura un code de doctrines établies pour détruire ce qui existe, comme étant un obstacle à leur triomphe ; mais cet obstacle une fois vaincu, les auteurs de la révolution se

le cas dont je parle, il est recognitif. Je n'ai pas ici à m'expliquer sur la légitimité du droit. Je parle seulement des rapports créés par la déclaration du 7 août, entre le roi et la Chambre des députés. M. Guizot termine son argumentation en disant que tout le monde n'est pas du bois dont on fait les rois. M. Guizot aurait dû nous dire de quel bois doivent être ceux qui font les rois.

diviseront pour entrer dans une nouvelle lutte; et une révolution deviendra le commencement d'une seconde révolution d'autant plus haineuse et acharnée, que les combattans ayant été sous les mêmes drapeaux, le pouvoir a succédé, pour les uns, à l'égalité qui avait existé auparavant pour tous; chose qu'on ne peut se pardonner. Remarquez que le supplice le plus cruel pour l'envie, c'est de voir son égal devenir son supérieur; et Dieu sait si les hommes du jour sont exempts de cette maladie!

Dans une pareille situation, quel moyen reste-t-il au gouvernement pour assurer son existence contre les évènemens dont chaque jour il est continuellement menacé? Fera-t-on des lois d'exception, de déportation, de disjonction, ou, si l'on veut, créera-t-on une espèce de dictature? De telles mesures pourraient bien atteindre quelques têtes, mais ne changeraient point la position où l'on s'est placé. Une dictature est une chose excellente lorsque le peuple, prenant une part directe dans la confection des lois, veut pousser l'excès de ses droits au-delà de ce que la Constitution de l'Etat comporte. Comme dans ce cas le peuple se met toujours à la suite de quelques chefs ambitieux ou factieux, la dictature, en désarmant les chefs ou les frappant, remet l'Etat dans son train ordinaire ; mais il ne s'agit pas ici de frapper, puisque tout le mal dont on se plaint réside dans la pensée vague et générale qu'on éprouve sur l'étendue des droits qu'on considère comme devant être acquis ; droits dont on se rend compte à sa manière, et sans que personne puisse les définir. Or, la pensée ne saurait être atteinte par le pouvoir ; mais elle peut, dans une circonstance donnée, prendre le corps d'une volonté active, et devenir un mouvement général. Il me semble que le gouvernement prend le change quand, pour détourner de tels malheurs, il jette les esprits dans de grandes spéculations d'intérêts matériels : ce n'est là qu'un palliatif, et non un remède capable de guérir le corps politique du mal dont il est travaillé. Soyez bien persuadé que lorsqu'une idée est fixée dans l'esprit sur un prétendu droit acquis, elle peut paraître abandonnée momentanément par une circonstance accidentelle ; mais si jamais l'occasion se présente où l'on croit pouvoir voir réaliser le rêve de son imagination, cet enfant chéri est envisagé avec toutes les illusions qu'on s'était faites dans les temps. Il y a plus : parmi les hommes qui se livrent à de grandes spéculations, la plupart s'y ruinent, et il ne leur reste plus d'espoir, pour recouvrer leur fortune, que dans une révolution qui change l'état des choses; et le grand nombre de bras qu'ils ont eu à leur disposition, et avec lesquels ils ont conservé des rapports, leur en donne la facilité.

CHAPITRE SEPTIÈME.

De l'alliance anglo-russe.

L'Europe disait autrefois : C'est de la France que nous vient l'ordre du mouvement politique. *Que les temps sont changés!* La France n'est plus considérée aujourd'hui, par les cabinets étrangers, comme la puissance qui doit présider aux destinées du monde, mais seulement comme une puissance du second ordre, qui peut faire pencher la balance en faveur de celle d'entre elles qui se la sera attachée.

Après la révolution de juillet, toutes les puissances du continent témoignèrent du refroidissement dans leur alliance avec la France; mais l'Angleterre, toujours habile à profiter des déchiremens du monde pour étendre le monopole de son commerce, manifesta sa joie d'une telle révolution. Le gouvernement français, qui se trouvait isolé de toute alliance, pensa ne pouvoir rien faire de mieux que de se rendre l'allié de l'Angleterre ; mais cette prétendue alliance, opposée aux intérêts de notre industrie et de notre commerce, ne pouvait durer long-temps sans être minée par les évènemens que le temps devait faire surgir. La dernière heure d'un vaste empire allait sonner, ou plutôt avait sonné ; naturellement, c'était la France et la Russie qui étaient appelées à tenir le premier rang dans le partage des débris de l'empire Ottoman, et de donner à l'Europe une nouvelle assiette dans la direction de ses intérêts.

Il en est de la France comme de tout ce qui est élevé ; elle ne peut descendre de son rang sans tomber au-dessous du commun : c'est un soleil couchant qui bientôt doit être suivi des ténèbres de la nuit. Le cabinet français, au lieu de montrer ce que la France pouvait faire, n'eut l'air de se faufiler, dans le mouvement qui agitait l'Europe, que comme un auxiliaire de la puissance qui voudrait l'admettre dans son alliance, pour assister au dénouement de ce grand drame. Tandis qu'il s'abouchait avec la Russie en ménageant l'Angleterre, il négociait, d'un autre côté, avec Méhémet-Ali, trois choses inconciliables. C'est avec une politique aussi méticuleuse, de ne pouvoir se mettre au-dessus de rien de ce qu'on avait à craindre, qu'on a perdu tous les avantages que la fortune pouvait présenter, et qu'on s'est privé de se mettre en garde contre les inconvéniens qu'on avait prévus. L'Angleterre, au contraire, indifférente à ce que pourrait penser la France à son égard, aborde la question avec la Russie, et traite en conséquence.

Lorsque, après la chute de Napoléon, les puissances européennes tinrent des congrès, la France, par le souvenir de tout ce qu'elle avait fait, y occupait la place qui lui était due. Si l'Angleterre était alors fière de tenir les clefs de Sainte-Hélène, la France ne déclinait pas l'avenir d'un Fontenoi et d'un Austerlitz.

Aujourd'hui, la France, seule et enfermée dans son territoire, semble destinée à attendre les décisions prononcées en son absence dans les différens congrès. « Si vous ne me cédez pas l'Egypte, dit l'Angleterre à la Russie, je m'unis à la France, et vous ne prendrez pas possession de Constantinople. » De son côté, la Russie dit à l'Angleterre : « Si vous ne m'abandonnez pas le droit de commander sur le Bosphore, je fais une alliance avec la France, et vous n'occuperez pas l'Egypte. » Voilà donc à quelle condition l'alliance de la Russie avec l'Angleterre a eu lieu : l'abandon de l'Egypte à l'Angleterre, et l'abandon de Constantinople à la Russie, de la part de l'Angleterre. Par cette alliance, les deux puissances ont renoncé à chercher un champ de bataille en Europe; le combat est ajourné pour plus ou moins de temps; c'est dans l'Inde que ces deux rivales doivent se rencontrer : l'une y arrivera par l'isthme de Suez, et l'autre par la Perse.

Après un pareil évènement, on s'inquiète de l'attitude que tiendra la France. Le ministère se prononce pour une politique d'attente; il se réfugie dans le fond de la boîte de Pandore. Selon lui, il en doit sortir des circonstances qui permettront au pays de déployer et son enthousiasme et son budget. D'abord, l'enthousiasme ne peut naître que par la circonstance où la gloire viendra ceindre le front de la France. L'enthousiasme est un sentiment vif qui nous porte à agir, dans ce que nous voulons, même au péril de notre vie. Ce qu'il y a le plus à craindre pour la France à présent, c'est l'enthousiasme de l'émeute qui a démoli l'archevêché et l'église de St.-Germain-l'Auxerrois. Vous parlez de la grande épée de la France! mais la poignée entre vos mains en est trop pesante pour oser la sortir de son fourreau. Pour dernière preuve de l'utilité de l'alliance avec l'Angleterre, vous citez les paroles de Napoléon : « Si l'on eût pu s'en-« tendre avec l'Angleterre, on eût fait de grandes « choses. » Mais ce langage de Napoléon se référait au temps où il disposait du continent, comme l'Angleterre disposait de l'empire de la mer. Les deux puissances, en marchant toutes les deux d'accord, pouvaient assigner leur volonté à l'Europe, et en régler tous les rapports. L'Angleterre alors ne pouvait recevoir l'entrée de ses vaisseaux dans aucun port du continent sans y être autorisée par Napoléon; et de son côté, la France ne pouvait mettre un vaisseau en mer sans y être autorisée par l'Angleterre. La nécessité formait le nœud de cette alliance, si elle avait pu avoir lieu, pour mettre les deux puissances dans la possibilité de marcher; mais les positions sont changées : vous ne pouvez interdire à l'Angleterre l'entrée de ses vaisseaux dans aucun port de l'Europe. C'est l'Angleterre qui a empêché la réunion de la Belgique à la France; c'est l'Angleterre qui a exigé la rupture du pacte de famille, afin de s'emparer du commerce exclusif de l'Espagne. Et qu'avons-nous gagné en échange de tant de sacrifices? à ne plus compter au rang des premières puissances de l'Europe.

CHAPITRE HUITIÈME.

De quelle manière l'unité du pouvoir peut s'établir.

Mais si rien de stable, de durable ne peut s'établir dans nos lois, notre repos et notre liberté, qu'avec l'unité de pouvoir, il faut chercher par quel moyen on peut y parvenir.

En vain on parle de la puissance du temps pour consolider nos institutions; le temps ne consolide que ce qui est de nature à pouvoir l'être. Le temps n'engendre rien; il ne fait que modifier les élémens soumis à sa puissance dans la combinaison d'un ordre naturel : mais où la nature ne peut agir dans son cours ordinaire, le temps n'agit que pour donner la mort.

Chez un peuple où rien n'est arrêté dans les esprits qu'un dégoût pour ce qui existe, où tout y est vague, on ne peut le ramener à une unité de volontés qu'en remuant au fond de son cœur la fibre qui a été pour lui une source de prodiges dans tous les temps. On peut dire des Français ce qu'on a dit des Athéniens, qu'ils ne doivent pas leurs bonnes qualités à l'éducation qu'ils ont reçue, mais qu'elles naissent avec eux. Tout ce tourbillon d'intérêts matériels dans lequel on a précipité la nation, ne saurait faire oublier à la jeunesse française qu'elle est née pour la gloire, et que c'est un héritage qui lui est acquis.

Une chose bien digne d'attention, et dont nous sommes témoins chaque jour, c'est qu'il existe chez nous, depuis que nous avons perdu la Belgique et les provinces du Rhin, un sentiment d'humiliation envers l'étranger qui fait désirer la guerre à la génération actuelle. Cette terre avait été couverte de tant de trophées français, qu'il semble qu'en la détachant du royaume on en a enlevé ce qui en faisait le plus bel ornement.

Ne dissimulons pas notre position. Il semble que parfois, lorsque les hommes, fiers de leur savoir, croient que par leur propre volonté ils sont capables de créer et de constituer un pouvoir, la Providence, pour abaisser leur orgueil, renverse tout à coup leur ouvrage, et les soumet à la volonté et à l'obéissance d'un seul homme qu'elle retire de son sein, soit pour les punir, soit pour assurer l'existence de la nation; et cela, selon ses desseins. Depuis cinquante ans, la volonté humaine a essayé de tous les gouvernemens, et rien de ses œuvres n'a pu pénétrer dans les entrailles de la France et y prendre racine.

Il ne peut être donné qu'à un seul homme

qui, pour me servir de l'expression de M. Fonfrède, vienne d'en haut, qui puisse donner des institutions convenables à la France. Le fluide électrique de la tribune ne peut plus se faire sentir aux Français, depuis qu'il est devenu, aux yeux de la cupidité et de l'intrigue, un moyen pour arriver à la fortune : c'est le fluide que contient le drapeau français; et c'est lorsqu'il se déploiera sur les remparts des villes étrangères, que l'on verra toute la population française s'agiter et chercher un législateur dans celui qui lui aura rendu sa gloire, après avoir couché sur trente champs de bataille. La monarchie a été ensevelie sous le pavé de Paris; c'est à cent lieues de la frontière qu'elle doit se retrouver, par la conquête de la Belgique et des provinces Rhénanes. Le cri de la nation sera alors : *Rien sans le roi!*

Je ne me fais pas illusion sur les dangers que courent les libertés publiques, lorsque la puissance souveraine se trouve dévolue à un prince par suite de victoires remportées sur l'étranger, et sur les factions de l'intérieur; mais je dois supposer que le héros de l'époque aura assez de discernement pour se pénétrer de l'idée que le despotisme, en France, ne saurait se soutenir long-temps, et que, dans tous les cas, il ne pourrait jamais lui survivre. Il est bien rare qu'un roi, au comble de la gloire, conserve, sous les glaces de l'âge, toute la fraîcheur de ses lauriers, qui ne sont plus qu'un monument pour l'histoire. Une nouvelle génération succède à l'ancienne, qui a joui de l'époque glorieuse, mais qui est déjà bien loin des idées des nouveaux venus. Il y a une grande différence entre les temps des premières campagnes de Louis XIV et celui de la fin de son règne. Mais en admettant que le héros que je suppose doive mourir dans tout l'éclat de sa gloire, peut-on penser que son successeur aura les mêmes vertus et sera entouré du même prestige? D'après l'ordre des choses, la paix doit succéder à la guerre. Le Français ne saurait vivre sans émotion. S'il ne trouve pas un champ de bataille, il cherchera un autre genre de gloire; il se passionnera pour des questions politiques. Que dans un tel moment un Mirabeau paraisse à la tribune, et sur le champ une révolution éclatera. Tout porte donc à penser que l'homme du jour fera des institutions monarchiques analogues au temps et au vœu du pays, lesquelles recevront un appui dans l'avenir.

Il faut bien reconnaître que ce qui existe actuellement en France n'est qu'un état transitoire qui ne trouvera de solution que dans l'unité du pouvoir, à qui seul est donnée la puissance de consolider la monarchie. Rome ayant conquis le monde, et fléchissant sous son poids, César seul pouvait lui donner des institutions capables de soutenir et de prolonger son existence, tandis que Cicéron avec un beau génie et tout le sénat ne pouvaient empêcher qu'elle ne pérît au milieu des convulsions auxquelles elle était livrée : c'est que César avait en lui l'unité du pouvoir. Il n'était pas seulement dictateur selon les lois, pour agir sur les personnes, il l'était par sa position, qui lui permettait d'agir sur les institutions; ce qui ne peut avoir lieu que de la part d'un homme supérieur dans le commandement et l'exercice de la puissance souveraine. En succombant sous le fer des assassins, César entraîna avec lui la chute de Rome.

CHAPITRE NEUVIÈME.

De la presse.

Lorsque la liberté de la presse a été conquise sur le pouvoir, elle est considérée comme la plus précieuse conquête de l'intelligence humaine, et le patrimoine commun de tous les intérêts. Vouloir la faire reculer, c'est vouloir mettre en lutte un pouvoir incontestable dans l'opinion du pays, avec un pouvoir toujours contesté dans son étendue. Les journaux sont les enfans de la presse : plus on voudra en restreindre le langage, plus ce qu'ils sembleront dire sera considéré, par l'opinion de la multitude, comme portant le caractère de la vérité. Qu'on y prenne garde! quand on sait que la presse n'est pas libre, le danger pour le pouvoir n'est pas dans ce qu'on ne lit pas, soit dans les journaux, soit dans les livres qui s'impriment; il est dans ce qu'ils donnent à penser, que l'auteur a toujours soin de laisser à deviner, par l'art qu'il met à le cacher. Ce que tout le monde comprend par la lecture est souvent moins dangereux pour l'autorité, que ce que le petit nombre explique à sa manière : c'est le cas de dire que la partie est plus à craindre que le tout.

Ce qui rend la presse dangereuse et presque invulnérable pour l'époque où nous vivons, c'est le défaut de doctrines arrêtées. Rien n'est plus facile que de rédiger une loi contre un auteur qui fait une attaque directe contre le gouvernement; mais lorsqu'il se livre à une dissertation politique, il use alors de son droit. Si cependant vous le mettez en jugement, croyant y voir une attaque contre le gouvernement, dès lors il n'est plus jugé d'après les doctrines du pays, puisque personne ne saurait dire ce qu'elles sont, mais d'après l'opinion de ses juges, qui le condamneront ou l'absoudront, selon que l'écrit est dans leur sens. Chacun d'eux croira voir dans la condamnation la pensée du pays, sans s'apercevoir qu'elle n'est que la pensée d'un parti.

La presse est une puissance qui, comme toute autre, est utile, renfermée dans ses attributions, mais dangereuse lorsqu'elle en sort. Sa force est dans l'appui qu'elle trouve dans l'opinion publique. Pour s'en rendre maître, il faut attirer l'opinion à soi en faisant de grandes choses. Napoléon s'est plaint que, sous son règne, la censure de la presse a été souvent trop loin, ce qui lui a été très-nuisible : c'est un malheur attaché aux souverains, à qui les courtisans croient ne mieux faire leur cour qu'en poussant tout à l'extrême.

En effet, la presse ne pouvait atteindre Napoléon ; elle avait déposé son sceptre à ses pieds, car elle savait qu'avec le prestige qui l'entourait il dirigeait l'opinion générale, et que c'eût été vouloir se briser, que de se heurter contre ce colosse. La presse pouvait lui être utile, sans pouvoir le blesser.

La presse cessera d'être dangereuse pour les gouvernans, lorsqu'elle sera soumise à des doctrines qui en seront les garans. Mais qui pourra créer ces doctrines? je réponds : Le restaurateur de la monarchie, qui aura tout ce qu'il faut pour cela; car alors l'amour des institutions politiques, civiles et religieuses, formera, avec l'intelligence de la presse, l'accord de l'ordre social.

CHAPITRE DIXIÈME.

Du clergé.

Tout ce qui est sous la puissance humaine ne porte avec soi que la mesure d'une certaine durée. Peuples, empires, royaumes, républiques, vous n'êtes qu'un point qui devez venir vous perdre dans les flots du temps. Nous touchons au moment de la destruction de toutes les institutions éphémères de la société. Rien de ce qui est ne saurait exister, parce que tout est frappé d'une caducité qui touche à la mort. Mais quelle sera la nature de l'ordre social sortant de cette fournaise ardente? Qui pourra arrêter le choc des passions, soit des peuples vainqueurs, soit des conquérans traînant à leur char le monde enchaîné? Le christianisme, qui n'est point une institution humaine, mais toute divine, dont l'établissement qui a retiré les peuples de la barbarie et de la servitude, les préservera de la tyrannie d'un Tibère ou d'un Néron. *A moins*, disait Socrate, *qu'il ne plaise à Dieu de vous envoyer quelqu'un pour vous instruire de sa part, n'espérez pas de réussir jamais dans le dessein de réformer les mœurs des hommes.* Ce que demandait Socrate, Dieu en a gratifié le genre humain en envoyant son fils, dont l'Eglise prévaudra contre les révolutions des peuples et le despotisme des rois. Il entre dans la destinée du clergé de devenir le Tribunat qui doit défendre la liberté des peuples de l'esclavage dont le genre humain est menacé, et de se placer entre les rois et les peuples pour défendre les premiers contre les fureurs des derniers, et les derniers contre le despotisme des premiers. C'est devant l'Evangile que la hache ou l'épée du vainqueur fléchira, et que le repos et la liberté des peuples seront assurés.

Il y a cette différence entre le clergé et la presse, considérés l'un et l'autre comme le Tribunat de la liberté des peuples : chez le clergé, il y a des doctrines arrêtées, consacrées par le temps, connues de tout le monde, dont il ne saurait s'écarter, car elles sont écrites dans le ciel, et il n'est pas au pouvoir de la terre de les vaincre. Si quelques-uns de ses membres abjurent, ils sont aussitôt rejetés de la communion générale. L'Eglise dit : « Ne raisonnez, ne décidez pas; soyez docile et humble; l'esprit de Dieu est en moi pour vous préserver de l'erreur. » La presse, au contraire, dont la puissance est de remuer les passions, n'a aucune doctrine fixée et arrêtée; chacun écrit ce qu'il pense ou d'après le parti auquel il est attaché; et dans cette lutte d'opinions, on ne sait de quel côté est la vérité.

Je me suis demandé souvent pourquoi, lorsqu'il existe un sentiment universel que l'ordre social actuel est sur le penchant de sa ruine, on trouve dans le monde une haine, de la part d'une certaine classe d'hommes, si prononcée contre le clergé. Je ne puis en trouver d'autre raison, si ce n'est que l'homme, énorgueilli du fruit de sa science, croit que rien ne peut être bien que ce qui émane de lui. Toute puissance qui touche au ciel l'humilie; l'existence d'un gendarme lui paraît plus utile que celle d'un prêtre.

S'il n'existait pas un aveuglement général, précurseur des évènemens qui se préparent, l'intérêt des rois comme celui des peuples serait d'assurer au clergé une existence indépendante de leur volonté et d'une législation toute mobile; mais il entre sans doute dans la sagesse des desseins de Dieu, que son Eglise se montre dans cette arène toute nue des biens de la terre, afin que rien de ce monde matériel pût la faire concourir au triomphe qui lui est préparé pour sauver l'univers.

CHAPITRE ONZIÈME.

Du serment politique.

L'abus des choses conduit à les mépriser. Dans un serment politique, on prend Dieu à témoin qu'on sera fidèle à l'ordre de choses établi. Mais si, après cet engagement, cet ordre de choses tombe; si celui qui a prêté serment de fidélité se croit obligé de s'y tenir, dès ce moment il devient suspect au mouvement du jour. Mais si le nouveau pouvoir tombe à son tour, que deviendra le nouveau serment? ainsi de suite, car il n'y a point de raisons pour s'arrêter dans ces cascades de révolution. Maintenant, quelle force peut avoir un tel serment chez un peuple qui a été conduit à penser, par tout ce qui s'est passé sous ses yeux, que le serment n'était qu'un lien transitoire, dont les engagemens doivent cesser par une incompatibilité d'humeur entre ceux qui sont gouvernés et ceux qui sont appelés à gouverner? A la vérité, par la définition donnée, après les journées de juillet, de la fidélité du serment, *qu'on ne devait de fidélité qu'autant qu'elle était utile au pays*, si chacun devient juge si sa fidélité est utile au pays par la fidélité de celui ou de ceux qui gouvernent le pays, dès lors le serment, livré au libre arbitre de l'interprétation de chacun, devient la chose la plus inutile du monde.

En remontant à l'origine de la cause de la multiplicité de ces sermens, on y voit quelque chose de dégradant pour l'humanité. Ce sont toujours les plus empressés à exiger cette prestation de serment, qui ont été les premiers à donner l'exemple de leur infidélité. La raison en est que lorsque l'homme a renoncé aux principes d'honneur, de morale et de religion, il cherche à asseoir sa fortune en trompant le public par la supposition des vertus qu'il n'a pas, mais qu'il regarde dans les autres comme la puissance qui doit soumettre l'ignorance à l'habileté qu'il se donne. Les hommes sont ainsi faits, se dit-il en lui-même; ils veulent être trompés; et s'il en était autrement, l'habileté serait un non sens: c'est dans le succès que réside la sagesse. L'étude du monde et des choses deviendrait insipide, si ce qu'on dit ne devait être cru vrai ou faux, au gré de son auteur.

CHAPITRE DOUZIÈME.

Du budget.

Une chose qui excite la surprise de tout le monde, et qui se renouvelle à chaque session des Chambres, c'est la légèreté ou plutôt l'indifférence avec laquelle on vote le budget. La loi la moins importante est faite avec plus d'attention que celle où il s'agit de voter 1200 millions. Quel peut être la cause de l'abandon d'un intérêt si majeur, et qui cependant est la mission principale de nos députés? Pour pénétrer dans ce doute de prodigalité et de gaspillage, et en connaître tous les détours, il faut remarquer que la centralisation, en mettant tous les fils de l'administration dans les mains du ministère, est une mécanique qui, pour fonctionner, n'a besoin que d'être touchée dans le cabinet d'un ministre. On peut la regarder comme un chef-d'œuvre pour placer la médiocrité au pouvoir : aussi, il n'est pas de député qui ne se croie capable d'arriver au ministère. Mais après avoir centralisé l'administration, il a fallu se rendre maître de la bourse des contribuables; et pour cela, on a cherché un expédient en divisant les intérêts de chaque localité de France. Et voilà comment on s'y prend : un député sollicite un emploi pour lui, ou pour un de ses amis, ou parens; il lui est accordé. Mais le traitement de cet emploi entre nécessairement dans le budget spécial dont il fait partie. Certes, ce député ne saurait refuser son vote pour ce budget. Si un député étend ses vues un peu plus loin que pour un intérêt individuel, par exemple, qu'il sollicite des fonds pour l'édification d'une fontaine, d'un pont, ou de quelque chose de cette nature, en faveur de sa commune ou de son arrondissement, oh! c'est ici que la munificence ministérielle se plaît à se manifester dans toute son étendue. De son côté, le député est très-flatté d'avoir pu faire quelque chose qui lui mérite la reconnaissance de sa commune ou de son arrondissement. Mais cette fontaine, qui ne devait coûter à l'Etat que quelques milliers de francs, lui coûte en réalité plusieurs millions; et c'est de cette manière qu'en accaparant les voix des députés, on se fait attribuer des sommes immenses qui vont se perdre dans des dépenses de caprice d'un ministre, qui souvent n'a pas même l'esprit de les comprendre. C'est bien ici le cas de faire l'application de cet adage : *Ce que la ſortune donne, toujours elle le vend.*

On devrait bien nous apprendre qui peut autoriser un ministre de dire aux membres d'un collége électoral : Si vous nommez le candidat que nous vous présentons, votre arrondissement sera gratifié de telle route ou de telle construction. De deux choses l'une : si cette dépense entre dans l'utilité des dépenses de l'Etat, vous ne sauriez légalement vous y refuser; si, au contraire, elle n'y entre pas, qui vous a donné le droit de disposer des deniers des contribuables pour faire nommer un député dont la conscience vous est vendue d'avance? Le gouvernement, dans la levée de l'impôt, se compare au soleil qui pompe les eaux des fleuves pour les répandre ensuite sur la terre, chargées de sel qui la fertilise. Il y a cette différence, que le grand nombre de sommes que pompe dans nos poches le gouvernement, il les répand avec si peu de soin et d'entendement, que la misère est partout, et que l'or va se déposer dans les caisses des agioteurs et des banquiers.

Mais il est dans le budget une question d'une bien plus haute importance, qu'il faudra bien qu'on finisse par aborder, c'est celle-ci : tout pouvoir dans un Etat constitué ne peut l'avoir été que dans l'intérêt et pour la sûreté et la conservation de cet Etat. S'il était un pouvoir qui pût mettre la nation hors de la possibilité d'un ordre social, ce pouvoir serait évidemment antinational et démenti par le vœu de tous. La Chambre des députés se considère comme représentant la nation; mais la nation ne peut lui avoir donné le droit de l'homicider. Or, ne serait-ce pas commettre un homicide à son égard que d'arrêter le service public par le refus du budget? Ne serait-ce pas la même chose que si l'on arrêtait dans le corps humain la circulation du sang? Dans tout Etat bien réglé, il doit y avoir un budget arrêté et permanent qui fixe le chiffre du service public. La Chambre a le droit, sans doute, de se faire rendre compte par les ministres des sommes allouées pour ce service, d'en extirper les branches gourmandes et parasites qui voudraient s'y introduire. Tout autre impôt, de quelque nature qu'il soit, ne peut être que provisoire, et doit être voté par les Chambres. Si l'on va au-delà, tout devient confusion ; et rien de stable ne saurait être assuré.

CHAPITRE TREIZIÈME.

Du scrutin.

Le scrutin fait partie de la Constitution du gouvernement représentatif. Mais de quelle nature doit être ce scrutin ? Cela dépend du génie de la nation, de ses habitudes, de ses institutions, et des rapports existant entre les différentes classes de citoyens. On nous a donné le scrutin secret. Mais c'est plutôt un semblant qu'une réalité. En effet, le petit nombre des membres de chaque collége donne la connaissance à l'autorité de quelle manière chaque électeur a voté. Ainsi, on peut soutenir avec raison qu'il n'y a point de votre secret. Cet inconvénient est bien grand, puisque tout ce qui agit contre sa propre nature conduit au mal. Ce qu'il y aurait de plus sage à faire, ce serait qu'en diminuant le nombre des colléges électoraux, et en augmentant celui des électeurs, de rendre le scrutin public. Par ce moyen, le sentiment de chaque électeur se manifesterait avec plus de franchise; et le nom d'un homme recommandable par ses vertus, en retentissant aux oreilles du public, serait le meilleur antidote contre l'intrigue. Il n'y aurait plus à s'alarmer de ce que l'autorité connaîtrait le vote de chaque électeur : partout où il y a une réunion légale d'hommes, il s'y mêlera un sentiment de force et d'indépendance ; et croyez que devant neuf cents électeurs, l'influence de l'autorité s'affaiblira d'autant plus qu'on aura moins à en espérer.

Il existe en Angleterre un parti qui, comme moyen de la réforme, demande le vote secret. Si jamais la chose a lieu, du moment que le bill aura passé, la Constitution anglaise aura cessé d'exister ; car c'est sur le vote public que repose l'aristocratie anglaise. Chez nous, où règne l'esprit de la démocratie, le vote public doit en être la conséquence. Vouloir faire dissimuler le sentiment du peuple dans l'exercice de ses droits, est un contresens ; le peuple doit agir, dans de pareilles circonstances, d'après ce qu'il en éprouve.

CHAPITRE QUATORZIÈME.

Des ministres.

On se plaint chaque jour de voir se reproduire des idées républicaines, et cependant c'est par des idées républicaines qu'on se conduit. Aujourd'hui on n'aspire au ministère que pour se faire nommer ensuite à un emploi lucratif qu'on puisse conserver toute sa vie. Un pareil système dégrade le ministère. Lorsque, par le choix du roi, on est appelé au ministère, on ne peut plus être que ministre ; et si l'on cesse de l'être, on doit en conserver le titre avec toutes les qualifications qui y sont attachées. Je voudrais néanmoins qu'un ministre pût être nommé à une ambassade, parce que, en représentant la personne du roi, il ne saurait descendre de son rang. Il en serait de même d'un ministre de la guerre, qui prendrait le commandement de l'armée en temps de guerre. Si le ministre qui sort du ministère n'est pas riche, et c'est ce qu'il y a de plus honorable pour lui, la dignité de la nation exige qu'on lui fasse un traitement, afin qu'il puisse vivre d'une manière honorable. Mais une telle mesure ne saurait avoir lieu, lorsqu'on voit chaque année des ministres tomber du ministère par douzaine les uns sur les autres : l'argent du trésor ne saurait y suffire, s'il fallait leur faire des pensions.

Qu'on ne s'imagine pas qu'un ministre qui quitte le ministère pour vivre dans la retraite, ne puisse pas être utile au pays. Pendant qu'il a été au service de l'Etat, il a dû, en se mettant sous les yeux le tableau de la société, en reconnaître les besoins, les moyens qui devraient améliorer son sort, et en tenir note. C'est dans sa retraite qu'il mûrira ses idées sur ce qu'il a observé; et s'il est rappelé au ministère, il pourra, pour le bonheur du pays, les réaliser. Si, au contraire, il meurt dans la vie privée, ses concitoyens sauront profiter de ses observations en les mettant en œuvre. Je ne doute pas que les meilleures ordonnances de nos rois, monument si précieux, aient été méditées dans la retraite par leurs ministres. Mais celui qui n'est ministre que momentanément, et pour être autre chose, ne doit guère, dans les fonctions de son nouvel emploi, se livrer aux méditations que comporte un ministère. D'un autre côté, il est impossible que les ministres de l'époque actuelle, occupés continuellement à répondre aux questions et aux reproches qui leur sont adressés chaque jour par les Chambres, puissent se livrer à un travail sérieux sur l'amélioration de la législation. On travaille au jour le jour, mais rien de grand et d'utile ne se fait pour être transmis à la postérité. Vous auriez pour ministres des l'Hôpital, des Sully, des Colbert, que ces hommes d'Etat seraient obligés d'ajourner leur génie pour balayer le tapis de l'ordre du jour.

CHAPITRE QUINZIÈME.

Du coq gaulois.

Tous les peuples ont adopté sur leurs drapeaux un signe, soit comme sympathique à leurs habitudes, soit comme souvenir d'une action glorieuse. Le peuple gaulois, à qui l'art de l'horlogerie était inconnu, avait choisi par reconnaissance le coq, comme lui indiquant le retour du jour. Mais que la France adopte le coq sur ses enseignes, c'est une chose qui prête à rire, lorsque néanmoins elle est d'un caractère très-grave. Le coq, dit-on, est l'emblême de la surveillance. Sous ce rapport, l'oie mériterait de lui être préférée. Les oies ont pour elles l'honorable souvenir d'avoir sauvé le Capitole. Le coq, ajoute-t-on, est un animal fier. Oui! avec ses compagnes les poules, et non en présence d'un oiseau de proie. En un mot, il est trop habitué à vivre sur son fumier, pour que son image reçoive l'honneur de se montrer sur un champ de bataille. Le coq est un vieux souvenir de 93, et un gouvernement est bien maladroit d'avoir été fouiller dans son poulailler. D'un autre côté, si jamais vos régimens marchaient en compagnie avec ceux d'Autriche ou de Russie, les enseignes du coq et de l'aigle se trouvant flotter ensemble, et pouvant donner lieu à des plaisanteries dans les rangs des soldats, seraient dans le cas de produire des scènes sanglantes. Bonaparte, qui se connaissait dans ce qui pouvait donner de la fierté au soldat, substitua l'aigle au coq. Certes, Bonaparte n'aurait jamais dit à un régiment qui aurait perdu son drapeau: Qu'est devenu mon coq? Le soldat qui aurait répondu il est dans la marmite, aurait détruit toute la magie des paroles de Napoléon. Mais en demandant son aigle, l'image de l'aigle s'adaptait à la grandeur du reproche et à la parole de celui qui parlait.

CHAPITRE SEIZIÈME.

De l'esprit de famille.

La force est dans l'union, et non dans le nombre; et la force de l'union se trouve dans l'esprit de famille. Le gouvernement, au lieu de chercher à placer la force dans la puissance primitive et perpétuelle de famille, après avoir divisé tous les intérêts par l'individualité, a voulu, en centralisant l'administration du royaume sur un seul point, créer une force factice pour servir l'autorité. C'est ainsi que, dans une machine, on joint chaque pièce afin de donner du jeu au ressort qui doit produire le mouvement. La différence des deux cas est que, dans le dernier, si la machine vient à se déranger, on connaît l'ouvrier qui peut la rétablir; mais dans le dérangement de l'administration, il ne saurait se trouver d'ouvrier, parce qu'il ne saurait y avoir une volonté unique, lorsque, par un évènement malheureux, chaque volonté s'abandonne au mouvement qu'elle croit être dans son intérêt. La garantie de l'existence d'un gouvernement, de quelque nature qu'il soit, monarchie ou république, n'est pas assurée par l'obéissance en temps ordinaire à sa volonté, mais par la persuasion où sont les esprits que, quelque chose qui arrive, la liberté et la sûreté de tous sont attachées au maintien de son existence. Ne cherchez donc pas ailleurs que dans l'esprit de famille les secours qui vous sont nécessaires, si la fortune se tourne contre vous. Là vient se réfugier la force du gouvernement, qui, ne pouvant plus commander une armée, répare ce malheur par la volonté de tous de s'unir à tous. On a dit, avec raison, que la conquête d'un pays est plus facile à faire que ne l'est sa conservation. Cela ne peut être fondé que parce qu'il existe un esprit de famille dans le pays, qui résiste à la conquête.

Le malheur des gouvernans qui mettent toute leur confiance dans la force armée, c'est de penser que la facilité de commander et de se faire obéir, constitue la force de la nation dont ils disposent. Il en est des Etats comme de la nature d'un pays où, après une bataille perdue, toute retraite devient impossible, sans une position qui puisse arrêter le vainqueur : de même quand un gouvernement puise plus sa force dans l'administration qu'il s'est donnée que dans la Constitution de l'Etat, le moindre choc qu'il éprouve est dans le cas de causer sa ruine. La centralisation peut servir utilement par la facilité de se mouvoir dans une guerre de peu d'importance, et où l'on ne saurait craindre une invasion ; mais dans une guerre avec une puissance du premier ordre, la centralisation, après une bataille perdue, ne saurait vous garantir et d'une conquête de la part de l'ennemi, et d'une révolution dans l'intérieur.

Il arrive souvent que les fautes d'un souverain d'un caractère supérieur, servent par la suite à la gloire d'un homme supérieur. Frédéric II, à qui la postérité a donné le nom de *grand*, mit la force de l'Etat dans son armée ; à Iéna, l'armée prussienne est battue, et Napoléon dispose de la Prusse selon son bon plaisir ; tandis que les batailles de Ratisbonne, Essling, Wagram, en lui donnant la possession de Vienne, ne prouvent pas que la lutte soit terminée. Napoléon annonce, dans ses proclamations aux populations de l'empire d'Autriche, que la maison de Lorraine a cessé d'exister ; l'esprit de famille donne à ces populations le sentiment que la maison de Lorraine doit régner, et l'on traite de puissance à puissance. Napoléon dut être frappé de l'esprit des deux nations dont il venait de faire la conquête : mais Napoléon, qui tenait la couronne de son épée, croyait ne pouvoir la conserver qu'en faisant sans cesse la guerre, et il fallait alors que le sort de la France suivît le sort de l'armée; aussi, les mêmes causes qui livrèrent la Prusse à Napoléon, livrèrent la France à l'étranger, après la bataille de Waterloo. Du moment que le géant n'eut plus le moyen de commander au pays comme à un régiment, chacun crut avoir acquis le droit d'agir selon sa volonté, et le drapeau impérial fut abandonné par la nation. Frédéric et Napoléon avaient le génie du despotisme militaire : l'un pour agrandir ses Etats et se rendre indépendant de la maison d'Autriche, l'autre par la nécessité d'être conquérant pour dicter des lois à l'Europe. Mais l'administration de Napoléon ne saurait convenir au temps actuel : héritage d'un gouvernement conquérant, elle ne saurait s'adapter à un gouvernement civil.

CHAPITRE DIX-SEPTIÈME.

Du droit de grâce.

Il y a des attributions tellement attachées à la nature de chaque gouvernement, qu'on ne saurait les en distraire sans que le pouvoir en soit déconsidéré : tel est le droit de grâce, qui fait partie si essentielle de la monarchie, que le monarque qui en est privé se trouve être placé au-dessous de celui qui condamne, et de la volonté duquel il devient l'exécuteur, sans pouvoir l'empêcher. C'est la loi, dit-on, qui condamne, et non la volonté de l'homme; mais la loi ne peut agir que par l'intermédiaire de la volonté de l'homme. Si l'homme agit d'après sa conscience pour condamner, pourquoi ne pas admettre une conscience plus éclairée pour absoudre? En France, on admet que le prince puisse faire grâce, mais on n'admet pas qu'il puisse user de ce droit avant la condamnation. Je dis qu'en divisant ainsi le droit, vous lui ôtez tout ce qu'il a de plus solennel et de plus monarchique. L'ordre social a ses mystères, comme la nature, comme la religion ont les leurs. Il faut que dans certains cas le pouvoir, pour opérer le bien, puisse agir dans une sphère toute mystérieuse, et que les yeux du public ne puissent le voir que pour le bénir et l'admirer. C'est un de nos malheurs, et peut-être n'est-ce pas le moindre, d'exiger que le pouvoir soit toujours en évidence dans ce qu'il fait, comme n'agissant que d'après ce qui lui a été prescrit par la volonté de l'homme, sans songer que le pouvoir doit souvent, dans son œuvre, demeurer voilé, paraissant par-là participer plutôt du ciel que de la terre. Le droit de grâce après la condamnation n'est qu'une faveur qui dispense de la pénalité; la condamnation existe, et avec elle la flétrissure. Devant la justice divine, le repentir efface le péché, et il n'y a plus de passé pour l'homme repentant. Pourquoi ne pas vouloir rapprocher la clémence royale le plus possible de la clémence divine? La grâce ne peut être accordée que parce qu'on est repentant : pourquoi refuser au monarque le droit de scruter le repentir, et de faire en ce monde ce que nous espérons que Dieu voudra bien faire pour nous en l'autre? *Allez, et ne péchez plus;* voilà les paroles inhérentes à la bouche d'un roi dans l'exercice de sa clémence. La souillure du passé s'est effacée devant la parole du monarque; là est le merveilleux droit de faire grâce.

Si actuellement nous examinons la question sous le rapport de la politique, les motifs de grâce n'en sont pas moins puissans.

Le nom de *grâce* prend le nom d'*amnistie*, lorsqu'il s'applique à plusieurs personnes pour le même fait. Ici, le roi, qui connaît les motifs pour lesquels il accorde une amnistie, ne peut et ne doit souvent ne pas en laisser connaître les motifs à la multitude ; la sûreté de l'Etat peut s'y opposer ; car, sans l'amnistie, la tranquillité publique peut être compromise. Faudra-t-il qu'on sache qu'il est de l'intérêt du pays et du trône que l'amnistie ait lieu, parce que les forces de ceux qu'on amnistie peuvent balancer les forces de celui qui pardonne ? C'est aux Chambres, dit-on, à rendre une loi d'amnistie. Mais, pour rendre une pareille loi, les Chambres seront obligées d'entrer dans les motifs qui doivent la faire rendre : or, ce qui doit être le secret de l'Etat sera mis à la connaissance de tout le monde. Mais voyez l'inconséquence d'un pareil système ! Le roi est le maître de faire la paix et la guerre, sans la participation des Chambres ; et cependant une amnistie n'est autre chose qu'un traité de paix qui dérive de la clémence de la toute-puissance du souverain, sans qu'elle soit obligée à descendre à des conditions avec les coupables ou les rebelles.

Le monarque ne peut user de sa puissance que dans l'intérêt de l'Etat ; autrement, il se nuirait à lui-même, car personne plus que lui n'est intéressé au maintien de l'ordre : or, la puissance de faire grâce n'est utile et honorable que par la sagesse avec laquelle il l'exerce.

Avant le procès des accusés d'avril, on doutait si le droit de grâce qui précédait le jugement appartenait à la couronne. Des précédens, après la révolution de juillet, pour des délits de police correctionnelle, disposaient à le penser. Des ministres pénétrés de l'esprit de la monarchie auraient su profiter de cette circonstance, en faisant rendre au monarque une ordonnance d'amnistie, et auraient ainsi consolidé ce droit à la couronne. Qui, dans un pareil moment, aurait osé s'élever contre l'exercice d'un tel droit? Mais les ministres de l'époque, mettant toute leur confiance pour le soutien de leur système dans les dispositions du Code pénal, ont laissé perdre à Louis-Philippe la plus belle prérogative de la couronne. En révolution, on ne trouve de grâce que devant ceux qui n'en ont pas besoin.

CHAPITRE DIX-HUITIÈME.

De la peine de mort.

Une fois qu'un principe est posé, on est obligé d'en suivre les conséquences. Du moment qu'il a été proclamé, par les philosophes et par les législateurs, que la société constituée était un fait de l'homme par la volonté de tous, on n'a pu, sans inconséquence, reconnaître un droit de mort envers un coupable; car si nul homme ne peut disposer de sa vie comme ne lui appartenant pas, la volonté de tous n'a pu s'arroger un droit qui n'était à aucun des contractans. Chacun, dit-on, a mis la garantie de sa vie dans l'abandon qu'il en a fait pour la sûreté de tous. Mais pour faire l'abandon d'une chose, il faut être maître de cette chose; il n'y a de don véritable que pour ce qu'on a le droit de donner. Si vous reconnaissez que chaque homme a pu donner, comme lui appartenant, le droit de disposer de sa vie pour la mettre en sûreté, il faut reconnaître en même temps que ce même homme a pu, en jouant sa vie comme un bien qui lui appartient, l'exposer dans un duel, pour mettre ce qu'il appelle son honneur en sûreté, et, par suite de ce principe, commettre un suicide sur sa personne, parce qu'il considère sa vie comme un fardeau trop difficile à porter pour ne pas en abréger le terme. Mais, ajoute-t-on, ce don une fois fait à la société, il n'a plus été permis d'en disposer. Je demanderai d'abord où est le contrat qui justifie ce don? D'ailleurs, les hommes qui l'auraient fait n'ont pu s'engager que pour eux, et non pour ceux qui leur ont succédé. Mais d'où vient donc ce terrible droit de mort? A cette question, je réponds : De ce commandement de Dieu, « vous ne tuerez pas (*non occideres*), » et de la part de celui qui dit : *Celui qui se servira du glaive périra par le glaive.* Toutes les dispositions des Codes de tous les peuples ne sont que des règles pour l'exécution de ce commandement, bien ou mal faites, selon les circonstances qui ont agi sur le législateur. Il est bien certain que les hommes, en recevant de Dieu ce commandement : « Vous ne tuerez pas, » ont dû chercher les moyens pour le faire exécuter. L'homme qui le porte gravé dans son cœur, et qui est appelé pour prononcer sur la vie de son semblable, ne doit plus s'inquiéter de savoir si le droit de la peine de mort lui est attribué, car l'Ecriture indique plusieurs cas de mort, mais bien si, en obéissant au commandement, l'accusé est coupable du crime à lui imputé, et s'il l'est avec les circonstances qui doivent lui faire subir la peine capitale.

Où l'on connaît l'habileté d'un législateur dans un pareil cas, c'est en éloignant, après une révolution qui a remué toutes les passions, la peine de mort comme un moyen d'un système politique. En parlant du procès d'avril, nous avons reproché aux ministres de l'époque d'avoir laissé enlever à la royauté le droit d'amnistie pour en rétribuer le principe démocratique. Nous dirons, au sujet du même procès, qu'ils devaient saisir cette occasion pour faire rendre une loi abolitique de la peine de mort pour fait politique. Par cette mesure, ils auraient donné une idée de force et de douceur du gouvernement, en semblant jeter le mépris sur les efforts de ses ennemis; et cependant, en réalité, ils n'auraient fait aucun sacrifice d'exécution dans l'intérêt du gouvernement. C'est un fait accompli : la peine de mort pour fait politique ne peut plus avoir lieu en France. L'échafaud de la révolution ne saurait trouver, pour se dresser, un point d'appui; c'est la voix de tant de victimes, sortie du tombeau, qui s'est fait entendre à la génération actuelle. Ah! puisse ce sentiment généreux se transmettre aux générations futures! Mais pour proclamer un tel sentiment national, il fallait des ministres qui eussent la poitrine assez large pour contenir un cœur qui eût commandé à la faiblesse de leur tête.

Je n'aurais pas rendu toute ma pensée en disant que la peine de mort, pour fait politique, est abolie par la volonté générale, si je n'ajoutais que l'on doit ce bienfait au gouvernement monarchique; et c'est une raison pour le faire préférer à tout autre. Ce n'est pas un paradoxe, je m'explique. Lorsque, dans une monarchie, un sentiment domine la nation, le monarque est obligé de s'y soumettre, parce qu'étant le représentant de l'opinion publique, il se placerait vis-à-vis de la nation dans une fausse position, s'il voulait s'en écarter. A la vérité, il est par les lois à l'abri de toute responsabilité physique; mais il sent néanmoins peser sur lui une responsabilité morale et religieuse qui le rendra, s'il a osé la braver, odieux pendant son vivant, et le rangera au nombre des tyrans après sa mort.

Sous le gouvernement républicain, ce n'est point, à proprement parler, ce régime qui repousse la peine de mort; c'est l'impossibilité où l'on est de pouvoir lui donner une base en France. Il ne peut y avoir alors unité d'opinions dans les esprits; la peine de mort y serait considérée comme une nécessité. Les hommes qui seraient à la tête de l'administration, en se soumettant à ce que l'on qualifierait l'*urgence des circonstances*, croiraient n'assumer sur eux aucune responsabilité. Les hommes, diraient-ils pour se justifier à leurs propres yeux, sont soumis à l'influence du temps; ils vont comme les jours et changent avec eux. Des historiens du temps où nous vivons n'ont-ils pas imbu l'esprit de la jeunesse de la pensée que tous les crimes de la révolution, qu'ils qualifient de *malheurs*, étaient un effet de la position où l'on s'est trouvé ; qu'il n'y a pas eu de coupables, parce que, disent-ils, la révolution a été une époque de fatalisme à laquelle il a fallu se soumettre ?

CHAPITRE DIX-NEUVIÈME.

Du duel.

Tout le monde est d'accord pour dire que le duel est un préjugé barbare ; tout le monde convient qu'il serait à souhaiter qu'on pût mettre un terme à cette plaie sanglante de la société ; et cependant chacun croit son honneur compromis si, dans telle circonstance, il n'acceptait pas ou ne provoquait pas le combat. Une chose qui mérite d'être remarquée, c'est que, pendant que tout ne parlait en France aux esprits que le langage de la guerre, le duel était très-rare. Avait-on le sentiment qu'on ne devait verser son sang que pour combattre l'ennemi ? Ce n'était pas précisément ce que l'on éprouvait ; mais Napoléon, qui semblait être l'organe de la gloire, en témoignant son indignation contre le duel, et sa réprobation contre ceux qui s'y livraient, l'avait en quelque sorte flétri. Quand une passion grande et forte, telle que celle de la gloire militaire à cette époque, exalte tous les esprits, on peut être assuré que celui qui est à la tête de cette nation, et qui en partage tous les sentimens, obtiendra tout d'elle, comme devant favoriser le succès de ses entreprises : mais lorsque le frémissement de la guerre a eu cessé, alors les jouissances de la vie privée ont réveillé toutes les petites passions qui ont leur source dans notre vanité. Pourquoi, s'est-on dit, si le duel est un préjugé, une famille noble y attache-t-elle son honneur? car, remarquez qu'on trouve ridicule qu'on se prévale comme d'un mérite la possession d'un vieux parchemin, mais on ne trouve rien de mauvais de se battre en duel : c'est que tout le monde n'a pas de vieux parchemins, et que tout le monde peut s'armer d'un pistolet ou d'une épée. Si un Montmorenci, si un maréchal de Richelieu, continue-t-on, ont donné, chacun dans leur siècle, le spectacle de se battre en duel, pourquoi, nous qui les valons bien, ne nous battrions-nous pas avec la même arme dont ils se servaient? En imitant ce qu'ils ont fait, nous donnons l'exemple du régime de l'égalité, et combattons le préjugé de la naissance, qui est celui qui blesse le plus les idées du siècle.

La pensée du gouvernement doit se faire sentir à l'esprit de la nation qui lui obéit, comme l'intelligence suprême se fait sentir dans toutes les œuvres de la nature : ce doit être un système complet, qui ne saurait laisser en arrière aucune partie de son action. Mais peut-on s'inspirer de la pensée du gouvernement, lorsque l'on voit un membre de la Chambre élective recevoir, après avoir tué en duel son collègue, le commandement d'une armée avec le titre de *lieutenant-général;* et pareillement un autre membre de cette même Chambre, coupable d'un duel, être présenté pour candidat par le ministère dans un collége électoral ? et tout cela sous le feu d'un réquisitoire très-éloquent d'un procureur-général de la Cour régulatrice contre le duel. Ou ce magistrat a parlé comme étant l'organe du gouvernement, dont il est présumé connaître la pensée, et c'est ce qui donne à ses paroles un caractère de gravité, ou bien il n'a fait qu'émettre une opinion personnelle. Dans ce dernier cas, ce réquisitoire n'est plus qu'un morceau d'éloquence qui peut être mis en parallèle avec d'autres de ce genre sur la matière. Nous le demandons : si après que Louis XIV eut fait publier un édit contre le duel, ou Napoléon mis à l'ordre de l'armée sa défense de toute rencontre, quel est celui de ses généraux qui eût osé se présenter devant lui les mains ensanglantées par suite d'un duel? C'est qu'il y avait alors une volonté, entourée d'une auréole de gloire, bien prononcée contre le duel, et que personne ne pouvait se flatter de faire fléchir.

Dans l'incertitude où l'on est si la législation actuelle est muette sur le duel, le législateur semble devoir se prononcer. Mais, prenez garde! si vous traitez le duelliste comme le meurtrier, le vouloir se venger par un duel se changera en vouloir se venger par un meurtre, puisqu'on les place sur la même ligne. C'est dans un lieu obscur qu'on attaquera son adversaire; au lieu d'un duel, vous aurez à punir un guet-apens. Le duel présente une chance contre celui qui le provoque, tandis que, dans un meurtre, l'avantage est toujours du côté de l'assaillant. En envisageant la question sous un autre point de vue, le juri ne se décidera jamais à condamner un homme qui, portant avec lui les meilleurs antécédens, se sera battu en brave, et surtout s'il avait des raisons sinon légitimes, du moins bien puissantes pour demander une réparation à son adversaire; car chaque juré sentira en lui-même qu'il peut se trouver dans un cas pareil, et, s'il a un fils, que ce fils est peut-être, dans le moment présent, sur le terrain. D'un autre côté, vous allez anoblir la sellette, où l'on ne devrait être accoutumé qu'à voir des criminels, en y faisant asseoir des hommes qui peut-être n'y paraîtront qu'avec l'admiration du public; et c'est une chose bien dangereuse pour la morale d'un peuple, que de punir ce que l'honneur approuve. Admettrez-vous que la Cour d'assises adjugera des dommages-intérêts à la famille de la victime? Mais ici l'homme riche, livré au préjugé de l'honneur d'un duel, se fera gloire d'acheter avec de l'argent le droit de se battre, tandis que le pauvre, pour éviter ce danger, aimera mieux attendre son ennemi dans un lieu écarté. On a dit que les arrêts de Cour d'assises ne puniront jamais l'homme qui, blessé dans son honneur, aura provoqué un duel; voilà déjà une grande concession en faveur du duel.

Le préjugé du duel s'étend à vouloir qu'on ne puisse pas s'adresser aux tribunaux ordinaires, pour demander la réparation d'une injure ou d'un outrage dont on aura à se plaindre. C'est que l'injure prétendue faite à l'honneur, ne peut souffrir d'être traitée dans la réparation qu'elle sollicite, comme dans les affaires ordinaires. L'honneur ne reçoit, ainsi que l'a dit Montesquieu, des lois que de lui-même et de la manière qu'il les entend. En effet, les tribunaux ordinaires entrent plutôt dans l'appréciation des faits, que dans l'appréciation de cet honneur bizarre dont on ne peut mesurer la susceptibilité. Un homme du monde serait perdu dans l'opinion publique, si, après avoir été blessé dans son honneur, il demandait une somme d'argent; et cependant en justice il est obligé d'y conclure. La partie publique agit plus dans l'intérêt de la société, que dans l'intérêt de l'individu qui se plaint. La partie civile ne peut jamais demander que des dommages-intérêts qui, se réduisant à une somme d'argent, ne sauraient satisfaire son ressentiment. Qu'on demeure bien persuadé que celui qui, se trouvant offensé, demande une réparation, se considère, et veut qu'on le considère comme mettant son honneur au-dessus de tout : c'est l'orgueil qui triomphe de l'avarice.

S'il était permis, dans une matière aussi délicate, de formuler un projet de loi, en voici un que je soumets à la censure du public, non comme bon, mais comme ce qu'il y aurait de moins mauvais.

Toute rencontre qui aurait pour but un duel sera interdite, et les auteurs passibles d'une amende. S'il y avait eu blessure ou meurtre, l'auteur des blessures ou meurtre sera poursuivi par les voies ordinaires comme spadassin, et condamné aux peines portées par le Code pénal, au titre *des blessures et du meurtre*, sans néanmoins que le blessé soit dispensé de la peine prononcée pour cause de rencontre.

Tout Français qui croira avoir à se plaindre d'un outrage ou d'une injure faite à son honneur, pourra, s'il n'a point subi de condamnation, soit en police correctionnelle, soit devant une Cour d'assises, ou déclaré en état de faillite, citer, après avoir prévenu le procureur-général de la Cour royale du lieu où a eu lieu l'offense, devant une Cour d'honneur créée à cet effet, l'auteur de l'outrage ou injure, pour obtenir une réparation. Cette Cour sera composée de cinq membres, dont trois seront pris parmi des militaires d'un grade supérieur, et les deux autres parmi les conseillers de la Cour royale. Cette Cour sera renouvelée tous les deux ans, et ne se réunira que sur la convocation qui en sera faite par le procureur-général.

La Cour, après avoir entendu les parties en personnes, et, s'il y a lieu, des témoins, prononcera d'abord si l'honneur du plaignant a été offensé. Dans le cas de l'affirmative, elle ordonnera une réparation dans les termes qu'elle précisera, dans le lieu qu'elle désignera, et en présence de témoins à son choix. S'il y a eu des coups donnés, la Cour pourra condamner, outre à la réparation, à un emprisonnement. L'arrêt prononcera un délai pour son exécution, après lequel, faute de l'avoir exécuté, le condamné subira un emprisonnement dont la durée sera fixée par ledit arrêt. Si la Cour décide qu'il n'y a pas eu d'offense à l'honneur du plaignant, celui-ci sera condamné à une amende, et, de plus, à des dommages-intérêts envers le défendeur.

J'ai pensé que les juges qui seraient appelés à composer la Cour d'honneur, devaient être choisis en majorité parmi des militaires : c'est que, d'après l'esprit tout guerrier et tout chevaleresque de notre nation, on est persuadé que les militaires ont seuls la mesure de prononcer sur le point d'honneur. On ne croirait pas plus que des juges de l'ordre civil aient rendu une décision sur le point d'honneur, capable de satisfaire l'opinion publique, qu'on croirait que des militaires aient bien pu juger une question de droit. D'ailleurs, il n'est pas indifférent pour le public de voir sur le même siége le courage civil et le courage militaire juger de l'honneur offensé et du repos des citoyens.

L'opinion publique, se refusant à confondre

celui qui a tué dans un duel avec l'auteur d'un meurtre ordinaire, il m'a paru convenable de faire entrer le mot *spadassin* dans le Code pénal. Il suffit qu'un mot porte avec soi le caractère d'une flétrissure, pour qu'on ne veuille pas en recevoir l'application.

Quelques personnes voudraient que la Cour d'honneur autorisât quelquefois le duel. Si mon pays n'avait pas le bonheur d'être chrétien, et si moi-même je ne l'étais pas, cette disposition me paraîtrait être sage; mais une législation ne peut être bonne qu'autant qu'elle est d'accord avec la religion du pays.

CHAPITRE VINGTIÈME.

Du suicide.

Le suicide est toujours précédé de l'absence du sentiment de la foi religieuse. Dans cet état, si on éprouve quelque malheur par la perte de ses biens, on préfère la mort plutôt que de survivre à ce qui tenait le plus étroitement à la vie. Chez les anciens, qui n'ont pas eu le bonheur de jouir de la lumière du christianisme, le sentiment de l'amour de la patrie étant au-dessus de l'amour de la vie, le suicide qui avait pour cause l'amour de la patrie était considéré comme sublime. Naissant pour la patrie, la vie ne pouvait trouver de charme où la patrie n'était pas. Ce n'est pas que le chrétien craigne de perdre la vie pour la défense de sa patrie, mais il souffre patiemment la mort, et ne se la donne pas. Pour lui, il sait que dans quelque position qu'il se trouve, il a des devoirs à remplir ; et il ne peut s'y soustraire en se détruisant.

Voyons par quelle voie on est conduit à une pareille catastrophe. Il n'y a point de vérité morale pour celui qui est privé du sentiment de la foi. Et il n'y a point de science, quelle que soit l'apparence de son existence, contre laquelle on ne puisse faire des objections solides : d'où je conclus que la vérité ne peut entrer dans le cœur de l'homme qu'avec le sentiment de la foi. Hors d'elle tout est doute ; et c'est cependant la vérité seule qui peut le rendre heureux, si ce n'est aux yeux des hommes, au moins au fond de son cœur. Si donc le principe conservateur de la vie heureuse manque, l'homme qui ne vit que pour les jouissances d'une vie toute matérielle, doit, par la privation de ces jouissances, trouver que la vie est un fardeau trop pesant à porter ; et dans le vide des idées consolantes, sur lesquelles son âme puisse reposer, le repos de la tombe est le seul qui lui paraît préférable.

Supposons un homme qui n'aurait pas joui de la lumière du jour, et qui fût renfermé dans une enceinte éclairée par une lampe continuellement allumée, et cela, sans aucune communication avec personne. Dans une pareille position, il ne peut avoir aucune idée qu'il existe au-delà de l'espace éclairé par la lampe, une lampe appelée *soleil*, qui éclaire un vaste horizon. Tout à coup la lampe s'éteint, tous les objets servant à son usage changent de face et cessent d'être en rapport avec lui. Qui pourra douter que s'il avait dans ce moment-là une idée de la mort, il devrait la désirer; car qui voudrait de la vie si l'on savait que l'on dût toujours souffrir? Eh bien! voilà l'image fidèle de celui qui a perdu la foi! La perte de sa fortune est pour celui-ci cette lampe artificielle avec laquelle il se contemplait dans le monde. Se jugeant matière, le suicide est pour lui une loi d'attraction qui attire, en le plongeant dans le tombeau, la matière vers la matière.

Mais qui peut porter au suicide les jeunes personnes du sexe, dont la timidité forme la grâce du caractère, et qui est une de leurs plus belles vertus? Tout ce qui sort des règles ordinaires de la nature excite l'admiration des femmes ; et le suicide est, pour une femme qui n'a pas été élevée dans des principes religieux , l'action la plus sublime du monde, surtout s'il a lieu par suite d'un amour malheureux. On se passionne pour un suicidé, on en fait son idole, en le parant de toutes les vertus que peut se créer une tête perdue. Dans cet enthousiasme, si on éprouve un contre-temps dans ses amours, on croit ne rien faire de mieux que de se donner la mort. Mais ce que l'on considère comme le plus heureux et le dernier acte d'héroïsme, c'est de mourir avec et dans les bras de son amant. Sous ce rapport, la publicité des suicides de cette nature devrait être défendue.

LIVRE QUATRIÈME.

CHAPITRE PREMIER.

Du danger qu'il y a de changer le génie d'un peuple agricole et martial, en celui d'un peuple marchand.

O fortunatos nimiùm sua si bona norint
Agricolas!

La France a prouvé pendant quatorze siècles, qu'avec ses qualités elle était la nation la mieux avantagée de l'univers. Nous avons tout ce qu'il faut pour tenir le premier rang dans le monde civilisé; et nous le devons principalement à ce que notre génie sympathise avec notre sol. Nous sommes en progrès, dit-on, et il ne faut pas rester en arrière de ce qu'exige le siècle. Si vous entendez par progrès, vouloir donner à nos facultés morales l'essor auquel elles sont propres pour le maintien de l'amour de la gloire, joint aux idées chevaleresques qui ont toujours distingué le caractère français, en s'alliant à celui des sciences, des arts et de l'agriculture, je vous comprends; mais si vous voulez que l'esprit national aille s'absorber dans un esprit mercantile de boutique, je pense que c'est ce qui peut arriver de plus malheureux. Sans doute que la France doit avoir un commerce dont l'étendue soit en rapport avec son rang dans le monde et ses besoins. Il faut que son pavillon, en flottant sur toutes les mers, donne l'idée à l'univers qu'il existe une France aussi puissante sur terre que sur mer. Mais ce commerce néanmoins ne doit être qu'un effet secondaire de sa puissance, qu'un accessoire pour servir à son bien-être, mais ne doit jamais faire le fond de son esprit et de sa conduite : que l'Angleterre place sa gloire et ses richesses à parcourir les mers pour rendre tributaires les peuples qui ne peuvent s'en défendre, la nôtre, à nous, sans renoncer au domaine maritime, que nos vaisseaux sortis de nos ports sont toujours prêts à défendre, est fixée sur le continent. C'est là que, depuis Duguesclin jusqu'à Napoléon, la France a été la terre classique des héros. Et si jamais cette série de héros pouvait s'arrêter, c'est alors qu'on pourrait dire avec vérité que la France a cessé d'exister : car ce ne sont pas les hommes qui couvrent le sol d'une nation qui assurent l'avenir de cette nation, mais l'esprit qui anime ces hommes. N'attendez rien de grand d'un peuple tout entier livré à des spéculations de commerce. Si vos bataillons ont étonné l'univers par leur bravoure et leurs hauts faits, c'est parce que la conduite de la charrue leur avait donné la force, le courage et l'amour du pays. Un peuple marchand ne soutiendra jamais le choc de la perte de deux batailles. Après la première, il se mettra à la discrétion du vainqueur. Rome se fit redouter de son fier ennemi après les journées du Tésin, de Trébia, de Trazimène et de Cannes. Carthage, dont Aristote vante la sagesse de son gouvernement, vaincue à Zama dans la personne de son Annibal, ne trouve d'autre ressource que d'avoir recours à la clémence du vainqueur. La différence des deux situations : Rome mettait toute sa confiance dans son génie martial et agricole, tandis que Carthage la plaçait dans la richesse de son commerce.

On parle de forts détachés pour couvrir Paris en cas d'invasion de la part de l'étranger. Ce ne sont pas les forts détachés qui pourraient empêcher Paris de tomber au pouvoir de l'ennemi. Paris porte dans son sein sa capitulation écrite, si jamais l'étranger se présente sous ses murs. Devant les intérêts de la Bourse, Paris est incapable de soutenir un siége de trois jours. On peut assurer, sans craindre de se tromper, que de toutes les villes de France, Paris est celle qui présenterait moins de résistance à l'ennemi. Quand on a eu la sottise de concentrer sur un seul point tant d'intérêts divers, attendez-vous qu'ils triompheront de la liberté et de l'honneur de la nation, quelque bien intentionnée que soit d'ailleurs la garnison.

CHAPITRE DEUXIÈME.

Quel changement doit produire dans l'État le morcellement des propriétés rurales, considéré dans ses rapports avec le régime actuel de l'industrie.

On distingue, dans une nation, la richesse immobilière et la richesse mobilière. Chacune de ces richesses agit selon la nature de sa condition. La fortune immobilière met sa foi dans l'immobilité de sa conservation; la fortune mobilière, au contraire, prend son essor dans l'intelligence du propriétaire; mais souvent cette intelligence n'est qu'une illusion qui conduit son auteur à sa ruine. En France, le morcellement des grandes propriétés foncières a porté d'abord une aisance dans les masses populaires; et par suite de cette aisance, chacun a cru avoir acquis une plus grande valeur dans sa fortune par l'augmentation du prix des choses. Mais bientôt les besoins ont augmenté avec l'idée qu'on était riche; l'industrie est venue en aide; mais elle-même en a créé de nouveaux: la nature, moins prodigue dans ses productions, que l'avarice des hommes pour inventer des moyens de satisfaire aux besoins qu'ils se sont créés, la propriété rurale devenant d'un trop petit rapport, l'industrie a été considérée comme la voie de la richesse, et la seule qui pouvait procurer les jouissances de la vie. Cette idée ayant une fois pénétré dans les esprits, on n'a plus pensé qu'à se fixer dans la ville pour mettre en œuvre ses spéculations, et on a vendu ses fonds de terre par parcelles. De là, une augmentation de population dans les villes : car partout où se porteront les richesses avec des établissemens, il y aura augmentation de population.

D'après les mœurs du siècle, on ne se livre pas à l'étude pour le plaisir de se mettre en rapport avec les hommes qui ont étendu leur intelligence par la culture des sciences et des lettres, mais bien pour arriver à une profession plus lucrative que celle que l'on occupe. Vous avez des instituteurs dans toutes les communes, c'est fort bien. Mais ne croyez pas que cet enfant, dont l'intelligence se sera plus ou moins développée, voudra, une fois arrivé à l'âge d'adolescence, s'en tenir à sillonner le champ que son père lui aura laissé; il comptera sur sa capacité pour remplir une place dans un bureau, ou bien pour embrasser une branche quelconque de commerce, et viendra habiter la ville.

Telle est la tendance du siècle et l'exigence du luxe; on n'y échappera pas: les uns un peu plus tôt, les autres un peu plus tard: c'est un jeu général de la Bourse. Voilà donc l'industrie devenue la richesse réelle de l'Etat, et la propriété foncière n'en être que l'accessoire. Voyons les conséquences qui doivent s'en suivre; on ne manquera pas de nous dire : La propriété rurale ne disparaît pas, le sol est toujours le même; qu'importe qu'il appartienne à un million d'hommes ou à huit millions, il n'en sera que mieux cultivé; et le nombre des intéressés en s'agrandissant, la conservation et la sûrêté en deviendront plus certaines. A cela, je réponds : Vous auriez raison, si ces huit millions de parcelles de terre pouvaient nourrir les huit millions d'hommes qui en sont propriétaires; mais étant insuffisantes, ces hommes se jetteront dans des spéculations pour satisfaire aux besoins journaliers qu'ils se sont imposés. Malheureusement, toute industrie est sujette a de fréquentes catastrophes. Il en est de la fortune des particuliers, comme de celle des Etats: on répare par le temps, les bras et son travail, les accidens d'un fonds de terre ravagé par une inondation ou par quelque autre fléau. De même, après une guerre longue et malheureuse qui a épuisé les finances de l'Etat, le pays, avec le temps et l'habileté d'un ministre, retrouve dans le sol sa première richesse; il est ce qu'était ce géant dont nous parle la fable, qui, en touchant la terre, sa mère, recouvrait ses forces. Mais lorsque toute sa fortune est mobilière, et qu'on la perd, soit par une crise dans le commerce, soit par une guerre, quel moyen reste-t-il pour la réparer?

Il y a là quelque chose qui peut avoir des conséquences bien funestes. En se livrant à des opérations de commerce, chacun a battu monnaie pour son propre compte, c'est-à-dire a jeté dans le commerce une monnaie en papier portant son nom. Cette monnaie, toute fictive qu'elle est, a néanmoins une vertu qui augmente la masse du numéraire mis en circulation, et fait hausser le prix des choses. Pour mon compte, je n'y vois qu'une bouffissure, une enflure qui peut devenir un sujet de ruine générale. Chaque jour des millions de faillites surgissent de tous les coins de la France; et dès-lors le papier-monnaie de tous ces faillis, en perdant sa valeur, et tombant comme les feuilles en automne sur chaque place, doit par son expulsion du commerce, en ralentir le mouvement. Ce n'est pas l'abondance d'un papier-monnaie qui peut faire fleurir le commerce dans l'intérieur; seulement, il donne lieu à un plus grand nombre de commerçans, par la facilité qu'on a de se procurer de la marchandise. Le nombre des faillites doit se multiplier dans la proportion du nombre des commerçans, et de la quantité de la mise en circulation de l'argent métallique, marchant pareillement avec celle du papier-monnaie. Si la valeur de ce dernier vient à décroître, l'argent métallique ne pouvant suffire à réparer les brèches faites au crédit, une gêne générale doit alors se faire sentir.

Eh! que serait-ce donc si, par l'évènement d'une guerre, l'ennemi avait dépassé la frontière, et qu'il s'avançât vers la capitale? que deviendrait toute cette masse de papier-monnaie qui, par la centralisation, est venue des provinces s'entasser à Paris? Certes, on ne peut s'empêcher d'éprouver un sentiment pénible, lorsqu'on en calcule les suites. Dans les débats de la dernière session de la Chambre des députés, on a remarqué avec quelle timidité le ministère a parlé de la guerre, si l'on était dans la nécessité de la faire. Le caractère français en a été indigné; car parler de guerre à des Français, c'est leur faire pressentir qu'ils doivent marcher à la gloire. Mais ici, ce n'était pas le ministère qui était blâmable; il connaissait la position de la France, et il prévoyait combien d'intérêts seraient compromis par une déclaration de guerre. Cependant, rien ne porte à penser que la situation puisse changer: au contraire, elle doit s'empirer. Eloigner le moment du danger n'est pas s'en rendre maître, ni le dissiper. La France un jour fera la guerre, et ce jour-là peut ne pas se faire attendre : c'est alors qu'on connaîtra toute l'étendue du mal.

A force de vouloir étendre la fécondité et la puissance de l'industrie, on l'a mise dans l'impuissance de reproduire quelque chose qui puisse l'alimenter. Les débouchés, chez l'étranger, pouvaient seuls venir à notre secours, mais on les a livrés à l'industrie anglaise; et nos fabriques ne pouvant trouver assez de débit de leurs productions dans la consommation de l'intérieur, dépérissent chaque jour et laissent une multitude de bras dans l'oisiveté et la misère. Il faut convenir que c'est une singulière politique que celle après qu'un pays a tourné toutes ses facultés et ses richesses vers les produits de l'industrie, on vienne lui dire que la France doit cesser d'être une puissance maritime : n'est-ce pas la condamner à expirer au milieu des richesses qu'elle s'est créées, faute de pouvoir leur donner un écoulement ? En vérité, la Chambre des communes d'Angleterre devrait faire élever dans son sein une statue d'or à l'auteur d'un tel langage, tenu à la tribune nationale de France.

C'est un malheur, sans doute, que les fonds de terre soient distribués dans une inégalité trop disproportionnée pour le bien de l'agriculture. Il devient alors nécessaire de cultiver les arts, afin que les fruits des terres soient partagés entre les laboureurs et les artisans. Par-là, on établit une certaine proportion de fortune, ou du moins on donne à chacun la facilité de pouvoir soutenir son existence. Mais si, par votre législation, et la manière de vivre des habitans, le pays se rapproche des lois agraires, lorsqu'à côté il s'élève une inégalité de fortunes mobilières, les fonds de terre, en perdant leur immobilité par le morcellement, sont soumis à toutes les chances du commerce, et tombent sous la dépendance des évènemens politiques. Tout devient, dans une crise commerciale, sujet d'inquiétude et d'incertitude; et le sol qui n'a plus de consistance semble trembler devant tant d'intérêts compromis. Comment pourrait-il conserver la force de son immobilité, et le désir de se défendre, lorsque réduit pour chaque particulier à quelques sillons, c'est à la surveillance de son portefeuille et de son magasin qu'on donne tous ses soins?

Autrefois, on employait les bénéfices du commerce à devenir riche propriétaire; aujourd'hui, on se défait de ses propriétés pour se livrer à des opérations commerciales. L'avenir prouvera quel est celui de ces deux systèmes qui vaut le mieux pour la sûreté de l'Etat, le bien-être et le repos des citoyens.

La restauration avait pressenti, il y a environ dix-huit ans, les malheurs que le morcellement des propriétés rurales devait entraîner à sa suite. Ce n'est pas ici le moment d'examiner si les lois qu'à ce sujet elle soumettait à l'approbation des Chambres, convenaient à l'opinion du jour. Mais toujours est-il vrai qu'elle avait compris l'importance de la chose. Cependant, le mouvement ne faisait que commencer. Où doit-il s'arrêter maintenant?

Le ministère, en nous parlant de la prospérité inouie de la France, nous donne pour preuve de son assertion l'abondance des recettes des contributions indirectes. Mais les lois, à ce sujet, sont faites de manière que le fisc s'enrichit autant de la ruine des citoyens que de leur prospérité. Tout lui est profitable, jusqu'au choléra. Chez un peuple qui a mis, si je puis parler ainsi, toute sa fortune immobilière en commandite, en l'hypothéquant pour en déposer la valeur dans des magasins ou à la Bourse, il doit y avoir un flux continuel de mutations dans ses rapports d'intérêts : c'est un malade qui ne peut trouver de place qui lui procure le repos dont il a besoin. Eh bien! c'est sur chaque mutation que le fisc perçoit ses droits. On fait des voyages dans des vues de spéculation, et tous ces voyages sont coûteux : les denrées augmentent dans la proportion de la consommation. Les prêts d'argent, auxquels une telle situation oblige de recourir, doivent faire naître une foule de banquiers, d'agioteurs et d'usuriers. Cette classe d'hommes doit finir par attirer dans ses caisses tout le numéraire : car le possédant exclusivement, ils font la loi aux emprunteurs.

Considéré sous un point de vue moral, le tableau se rembrunit. Tandis que le laboureur se met continuellement en rapport avec Dieu par les bienfaits de la pluie et du beau temps, qu'il contemple le ciel pour en observer les variations, que sa pensée se porte naturellement vers celui qui pourvoit dans sa sagesse à l'existence de tous les êtres, il confie à sa garde le fruit de ses labeurs. Au contraire, l'ouvrier de la ville, et surtout l'ouvrier manufacturier, toujours sous la main de l'autorité de l'homme, ne reçoit d'inspiration que de celui qui le met en ouvrage et qui le paie. Fermé dans un atelier, l'horizon de ses pensées ne peut s'étendre au-delà de l'ouvrage de ses doigts; et il ne le quitte le plus souvent, après sa journée faite, que pour entrer dans un cabaret. C'est là que le journal du jour à la main donne lieu à la conversation. On se plaint d'abord du manque de travail et de l'exiguité du salaire qui y est attaché. L'autorité est mise en jeu; on l'accuse de son peu de bienveillance pour la classe ouvrière qui souffre la faim. En parlant ainsi, les fibres du cerveau s'imbibent de la vapeur des liqueurs fortes. C'est alors que recruté par un carbonaro, ou par quelque être de cette espèce, comme un instrument propre au succès d'une révolution, ou comme une chair d'échafaud en cas de non succès, on jure sur un poignard la mort d'un prince et le renversement de l'autorité; et puis l'on se donne le spectacle des machines infernales.

Il y aura toujours des pauvres et des riches; mais il est d'une bonne administration que, dans un malheur commun, le riche vienne au secours du pauvre. Mais si l'on rend toutes les fortunes éventuelles, tous étant frappés à la fois, et se trouvant égaux dans leurs moyens de vivre, les secours manqueront pour tout le monde.

CHAPITRE TROISIÈME.

Continuation du même sujet, considéré dans ses rapports avec l'étranger.

Aujourd'hui, d'après la situation politique de l'Europe, la prépondérance, si la guerre doit avoir lieu, appartient à la puissance qui possède le plus de numéraire : et comme le commerce est l'agent multiplicateur des espèces, c'est la puissance qui a le commerce le plus étendu, à qui est donné le pouvoir de mettre le feu au premier canon qui doit tirer.

Il est bien reconnu que la conquête de la monarchie universelle sur le continent est une chimère; et si la chose eût été possible, Napoléon pouvait seul le réaliser. Mais ce qui n'est pas impossible, c'est la puissance exclusive des mers. Une puissance qui peut porter ses forces sur tous les points du globe, peut, par cela même, acquérir un commerce exclusif, et rendre tributaires les autres peuples, en leur imposant des lois à sa manière, et régler avec qui ils feront le commerce.

Ce qui doit fixer l'attention de tout homme d'Etat appelé à l'administration de la France, c'est de voir les capitalistes posséder les grandes fortunes du royaume, et, par ce qui se passe, ces grandes fortunes détachées des propriétés rurales se lier au commerce. Mais l'Anglais, en se rendant le maître des mers, doit entrer dans les négociations des marchands français; et on doit bien penser qu'il saura se réserver la meilleure part dans le dividende. Il fera pour l'extérieur ce que font aujourd'hui pour l'intérieur les banquiers: un bénéfice lui sera toujours assuré. Et à la longue, et sans qu'il s'écoule un laps de temps bien éloigné, le numéraire de la France doit passer en Angleterre : les fortunes foncières se trouvant trop minimes pour le retenir et soutenir la concurrence d'un balancement, le pays doit finir par voir anéantir son commerce extérieur ; ainsi s'accomplira le vœu de ceux qui refusent à la France le droit d'avoir une marine.

CHAPITRE QUATRIÈME.

Est-il vrai que le gouvernement républicain, adapté au système industriel, est plus pacifique que le gouvernement monarchique?

On entend dire journellement de la part d'un certain parti, et cela à dessein, que plus les gouvernemens approcheront de la démocratie, plus les opérations dans le commerce prendront de l'accroissement, plus le bien-être des peuples s'améliorera, et plus l'état de guerre deviendra rare. Comme il ne s'agit pas ici d'examiner la question si la guerre est un état légitime, si, d'après l'ordre général qui régit le monde, elle n'est pas nécessaire dans des circonstances données, et si la légalité ne sort pas de l'état des choses réglé par des lois; mais en entrant dans la pensée de ce langage, il faut d'abord considérer si la disparition des rois, dont on parle avec tant de légèreté, placerait les nations dans une position plus pacifique. Pour bien juger de la chose, il n'est pas nécessaire de mettre en parallèle les guerres entreprises trop légèrement ou par ambition, soit par les rois, soit par les républiques; mais en prenant un autre point de vue, on doit considérer que plus les intérêts se multiplieront et se croiseront, plus les motifs de guerre deviendront fréquens. Il en est des intérêts des nations comme de ceux des particuliers, dont le nombre des procès grossit à mesure de l'étendue de leurs rapports. Le commerce est un état continuel de guerre d'intérêts particuliers à particuliers, alimenté par l'avarice des deux partis.

Je conçois que l'effet du commerce est de porter à la paix, lorsque deux nations négocient ensemble, que l'une vend et que l'autre achète; par-là elles deviennent dépendantes l'une de l'autre par les besoins mutuels de leur position: mais lorsque deux nations font le même commerce, que toutes les deux veulent vendre les productions de leur pays, ou exercer le monopole exclusif sur une autre nation, la possession d'un port ou d'un comptoir doit donner lieu à de fréquens sujets de guerre. L'ambition d'un roi se lasse, mais l'avarice d'un peuple marchand ne se lasse pas. La guerre faite par un roi, au sujet de la possession d'une province, doit finir par un traité de paix qui réglera les droits des puissances belligérantes sur cette province; la guerre d'un peuple marchand contre un autre peuple marchand ne doit se terminer que par l'extermination de l'un des deux peuples; car c'est moins pour un objet déterminé que l'on se bat que pour l'esprit de cupidité, qui veut que l'un des deux peuples soit détruit, pour que l'autre fasse exclusivement le commerce.

On pourrait croire, d'après ce qu'on vient de dire, qu'une république commerçante doit avoir un esprit guerrier, toujours prête à défendre les intérêts de son commerce; il n'en est rien. Comme les bénéfices du commerce sont placés au-dessus de tout dans l'opinion de la nation, on achètera des soldats pour la guerre comme on achète toute autre chose. Le marchand supputera sur son livre courant de dépenses la dispense de son service militaire, et paiera avec l'argent de son comptoir le sang vendu pour le service de la patrie.

CHAPITRE CINQUIÈME.

De la véritable richesse d'un pays, et de sa sécurité.

La garantie de la sûreté et de l'existence d'un peuple ne résulte pas de l'abondance du numéraire et de l'élévation du chiffre des recettes de l'Etat; le moins de besoins chez les hommes fait la véritable richesse d'un peuple. Par un contre-sens de l'ordre naturel des choses, les gouvernemens ont cru accroître leurs richesses et affermir leur autorité en bénéficiant sur l'industrie des peuples, c'est-à-dire en donnant une extension à leurs besoins par des rapports continuels d'intérêts, sur lesquels ils asseoient leurs recettes; de là un relâchement dans les liens qui unissent les gouvernans et les gouvernés. Le premier sentiment qu'éprouve l'homme, c'est de satisfaire à ses besoins; et il lui sera bien difficile de conserver une place dans son cœur pour le maintien des lois de son pays, lorsque, pressé par les besoins qu'il s'est créés, il voudra les satisfaire à quelque prix que ce soit. Plus l'on s'identifie dans des spéculations d'intérêts, plus l'on s'éloigne du sentiment qui dispose à se dévouer et à concevoir une pensée sublime; car, entre le ciel et la terre, c'est la grandeur de la pensée qui en est la chaîne. Il n'y a point d'homme qui, en spéculant journellement sur les chances d'un bénéfice de commerce, mesure son nom sur l'immortalité; son nom et sa pensée ne pourront jamais s'étendre au-delà du temps qu'il a vécu. On se croit capable de faire une guerre sinon glorieuse, du moins honorable, parce que les coffres de l'Etat sont pleins; mais on ne calcule pas que les besoins égalent les ressources; et lorsque le dernier écu sera épuisé, les besoins resteront. Ce sont de pauvres barrières à opposer aux forces de l'ennemi, que les comptoirs des marchands! Le désir de s'en rendre maîtres animera les assaillans, et le désir de capituler remplira l'âme des assiégés.

La Providence n'a pas placé le bonheur des hommes dans la possession des richesses que l'industrie peut créer et l'avarice s'approprier; tous les biens nécessaires à l'homme, pour soutenir son existence, il peut facilement se les procurer; mais la cupidité, en mettant les intérêts en contact et en opposition, tous ceux qui ne peuvent, quelques efforts qu'ils fassent, s'attacher au char de la fortune, se considèrent alors comme abandonnés de la société; ils en deviennent les ennemis, et se persuadent qu'il n'y a pour eux de chance de succès que dans des révolutions politiques, où le plus audacieux est toujours le plus favorisé.

Ce qu'il y a de plus avantageux pour un pays, c'est que le bien-être et l'existence de ses habitans ne soient pas soumis à un état précaire et aux accidens de la fortune. En un mot, chez une nation agricole, les matières fabriquées chez elle ne doivent entrer dans l'économie politique que comme servant d'écoulement au produit du pays, sans jamais en changer l'esprit.

CHAPITRE SIXIÈME.

De l'ancienne noblesse.

S'il avait existé un pays où il y eût eu une classe de citoyens qui fût attachée à la profession des armes par devoir, par sentiment, par passion; qui fût persuadée que toute autre profession dérogeait à sa destination; certes, ce pays doit avoir eu une grande célébrité parmi les nations contemporaines : eh bien ! ce que Platon voulait s'est réalisé en France.

Assurément, on ne saurait rien concevoir de mieux, dans l'intérêt d'une nation, que de voir une portion de citoyens prenant l'honneur pour devise et l'emploi des armes pour condition, sans pouvoir jamais être distraite, par des intérêts particuliers, de la tâche qu'elle doit remplir.

On a beaucoup crié contre l'hérédité de l'ancienne noblesse, et cependaut chacun est désireux de laisser après soi une postérité qui tienne un rang dans le monde. Chose bien naturelle ! ce qu'on veut devoir nous succéder, on est bien aise de l'avoir reçu de ses aïeux. Si c'est là un préjugé, il faut convenir qu'il est bien ancien, et qu'il a été plus grand dans les républiques qui ont brillé sur la terre, que dans les monarchies ; car tous les historiens parlent avec complaisance de l'illustre origine des héros dont ils rappellent les hauts faits.

Il faut qu'il y ait quelque chose de bien fort attaché à l'illustration de la naissance, puisqu'un homme qui porte un nom distingué dans sa province, et qui se fait remarquer par une mauvaise conduite, excite un mélange de mépris et d'horreur. Ayant cessé d'être l'homme qu'on cherchait en lui, par le souvenir de ses aïeux, on ne voit plus dans sa personne que de la boue jetée sur l'ouvrage d'un grand peintre.

Napoléon, qui savait apprécier tout ce qui était dans le cas de donner de la gloire à son empire, avait créé une noblesse qu'il avait décorée des titres de l'ancienne. Il ne voulut pas faire revivre cette dernière, parce que, connaissant l'esprit moqueur et persiffleur de la nation, il redouta les distinctions, les sarcasmes et les comparaisons que l'on pouvait se permettre de l'une avec l'autre; mais, prenant une voie indirecte, il chercha à unir par des mariages l'ancienne noblesse à celle de sa création, et, de cette façon, lia l'illustration du passé à l'illustration du présent; pensée dont bien peu de personnes ont été capables de comprendre toute la portée.

Louis XVIII, en rendant à l'ancienne noblesse ses titres, et en conservant à la nouvelle les siens, fit une chose très-sage. Le temps qui s'était écoulé depuis la création de cette nouvelle noblesse lui avait donné, dans l'opinion publique, par ses hauts faits, une distinction qui lui tenait lieu d'ancêtres; et elle pouvait dire avec fierté : « On voit en nous ce qui a illustré plusieurs siècles. » Ainsi, l'ancienne noblesse devait se retremper dans la nouvelle, qui, se greffant sur une souche antique, se préparait un avenir pour sa postérité.

Ici doit se trouver la réponse au reproche que l'on faisait à l'ancienne noblesse, et que l'on traitait de préjugé, de ne point faire le commerce, tandis que la noblesse anglaise s'y livre. C'est la différence de la nature des positions de chacune de ces noblesses qui établissait la différence de leur conduite. En France, la noblesse était uniquement une milice royale; elle ne faisait point une partie politique de la monarchie, elle en était seulement un lustre; et, s'incorporant dans les élémens monarchiques, elle leur donnait de la force et de la vie. Ainsi, cette noblesse ne pouvait renoncer à la profession des armes pour embrasser une autre carrière, sans cesser d'exister à ses propres yeux.

En Angleterre, au contraire, la noblesse, qui compose une aristocratie ayant des droits politiques à soutenir, peut trouver place dans l'exercice de l'industrie de la nation : elle n'est pas tenue uniquement au service militaire; les fonctions civiles lui conviennent aussi bien que la profession des armes.

L'ancienne noblesse, institution toute militaire, n'était point appelée à la confection des lois. Aussi la Chambre des pairs, qu'on a voulu considérer comme la tête de la noblesse, composée d'élémens divers, n'a pu former avec elle des rapports qui lui assurassent une existence assez robuste pour la mettre à même de lutter contre les attaques d'une révolution.

Aujourd'hui nous avons des nobles, c'est à dire des hommes qui se décorent de titre de nobles, mais nous n'avons plus de noblesse. Une institution a cessé d'être, si l'esprit qui en formait l'essence n'existe plus. On peut exercer une profession très-honorable; mais par la raison que cette profession était incompatible avec la nature, la pensée de l'ancienne noblesse, on ne peut pas dire que cette noblesse existe. Que serait aujourd'hui un appel fait par le monarque à la noblesse française? la chose la plus inutile, si elle n'était pas la plus ridicule. Où trouverait-on cette milice toujours prête à se ranger sous l'oriflamme de la monarchie? Serait-ce dans les bureaux des ministres?

Il manquera toujours, à ceux qui veulent se créer nobles, cette teinte de vénération que le temps a imprimée sur les noms, en couvrant de rouille leurs armures. Mais certes il est beau, pour le corps de l'ancienne noblesse, d'être descendue dans la tombe avec la monarchie de Saint-Louis, d'Henri IV, de Louis XIV, et d'emporter avec soi la devise de *mourir pour l'honneur*. Quand Crillon répondit à Henri III, qui lui proposait d'assassiner le duc de Guise : « Sire, je me battrai avec lui si vous l'exigez, mais je ne l'assassinerai pas, » tout le caractère de la noblesse française se montre dans ce peu de mots. S'engager à servir son roi de son bien, de sa vie, sans jamais manquer à l'honneur, voilà le plus beau traité qui ait jamais existé entre un roi et ses sujets.

CHAPITRE SEPTIÈME.

De l'abolition de la vénalité des charges des officiers ministériels.

Une question grave a été naguère soulevée: L'abolition de la vénalité des charges des officiers ministériels doit-elle être prononcée? N'existe-t-il pas une espèce d'anomalie d'admettre une hérédité d'emplois, lorsque toute place d'un ordre supérieur s'éteint par le décès? Mais il y a quelque chose de plus discordant avec nos lois et les idées du siècle. Un officier ministériel est reconnu être propriétaire de son office; le droit de propriété est ce qu'il y a de plus sacré dans l'ordre social, car il est la base sur laquelle repose tout l'édifice : cependant, cet officier ministériel peut être destitué par voie disciplinaire, chose qui dérive de la nécessité du maintien du bon ordre ; mais il est privé de mettre un prix à son office, et de traiter avec celui qui doit lui succéder. On ne peut s'empêcher de reconnaître qu'il y a là une espèce de confiscation. Tel est l'effet d'une mauvaise loi, qu'elle conduit toujours à l'arbitraire.

Le grand motif que réclame l'abolition de l'hérédité des charges dans l'intérêt public, et contre lequel on ne peut faire une objection solide, ce sont les sommes immenses qui leur sont exclusivement affectées, et qui, en s'en détachant, se répartiraient sur toutes les branches de l'économie politique, et cela sans rien déranger à l'ordre existant.

Mais une loi ne saurait être bonne, si elle n'est juste. Le droit de propriété est acquis aux officiers ministériels, et ils ne sauraient le perdre sans la violation des garanties dues à la chose d'autrui. La suppression d'un office impose la nécessité d'une indemnité.

Il y a, j'en conviens, une différence énorme entre la propriété que la loi donne, c'est-à-dire qui est du fait de l'homme, et la propriété qui est l'essence de la société. Ce que la loi donne, elle peut toujours, par des circonstances imprévues, le retirer; mais quant au droit de propriété indépendant de la volonté de l'homme, on ne peut le ravir au possesseur contre son gré, sauf quelques cas exceptionnels dans l'intérêt de l'utilité publique.

Ce qui entre dans le domaine du législateur, c'est de régler le mode d'acquérir la propriété, car il faut bien qu'on sache sur quoi repose le droit : mais le législateur ne le donne pas ce droit; il le proclame et en règle les conditions. Lorsqu'il a voulu le donner par des lois agraires, tout est devenu confusion et désordre.

Mais quelle que soit l'origine de la propriété d'une charge vendue ou donnée, elle a acquis, en tombant dans le commerce, un caractère d'inviolabilité, et on ne peut en priver le détenteur sans lui en payer la valeur réelle, car le travail et le prix qu'il y a mis sont bien une véritable propriété que la loi ne peut avoir donnée.

Le tort qu'a eu le ministre, en soulevant une question qui a remué tant d'intérêts, c'est de n'avoir pas fait connaître le mode qu'il proposait pour fixer la valeur de chaque office. Je crois que ce mode n'était pas impossible à trouver, sans néanmoins mettre à la charge du trésor les sommes nécessaires à une telle opération : mais il faut savoir gré à ce ministre d'avoir eu le courage de se placer au-dessus de tant d'intérêts privés pour rentrer dans les véritables principes ; et si jamais l'ordre s'établit, on citera avec éloge le nom de l'auteur d'une telle proposition.

CHAPITRE HUITIÈME.

De la considération publique.

Il en est de la considération comme des vieilles races, qui disparaissent dans les révolutions, ou plutôt le sort de leur ruine n'est que le complément de la fin de l'autre. Lorsque le niveau de l'égalité s'est placé sur la tête de toutes les classes de la société, par suite d'une révolution, la faveur de l'autorité ne saurait le briser en appelant aux honneurs les hommes de son choix ; on sait toujours les apprécier à leur juste valeur, et l'on connaît leur point de départ.

Le caractère de l'antiquité est d'être vénérable ; le caractère de la nouveauté est la mobilité.

On veut toucher à l'antiquité par quelque coin, croyant attacher dans son intérêt le présent à l'avenir. On regarde un titre qui portait avec lui de la considération, comme un besoin du jour et comme un passeport pour la postérité; mais, en réalité, ce n'était pas le titre qui donnait de la considération, mais bien parce que celui qui en était revêtu tenait à un ordre dont l'ancienneté des services inspirait de la vénération. Il faut subir la volonté du siècle sous lequel on est condamné de vivre : or, ce siècle est tout entier livré à l'esprit industriel, et rien n'est variable dans la marche des évènemens comme les fortunes industrielles; en vain, lorsque tout tourne, vous voudriez acquérir pour vous l'immobilité; si vous résistez, vos enfans suivront le torrent, car il y aura toujours, entre eux et vous, une différence de position. Il n'y a plus de cadets de famille dans les nobles du jour, et votre fils se soumettra à payer la patente. Au temps passé, le nom était la sauve-garde du patrimoine des familles, et, en servant l'Etat, on servait les siens. Les temps sont changés; et si Dieu n'y met ordre, je maintiens qu'une fortune, quelle que soit son origine, ne peut demeurer debout, dans la même famille, jusqu'à la quatrième génération. Au temps passé, on comptait ses aïeux par de beaux faits d'armes; à l'avenir, on les comptera par le nombre des faillites qu'ils auront subies ou qu'ils auront faites.

Je vois deux professions inhérentes et indispensables à l'état social, la magistrature et la profession des armes. Toutes les deux, dans ce qu'on appelle l'*ancien régime*, ne conduisaient pas à la fortune, mais maintenaient dans celle qu'on possédait; le fils d'un chevalier de Saint-Louis ou d'un magistrat trouvait toujours à se placer convenablement : c'est que le bon sens indiquait que la profession créée dans l'intérêt de tous est plus favorable qu'une profession industrielle, prise uniquement dans un intérêt privé. Ainsi, ce qui était honorable avait de la réalité dans l'opinion publique; et il y avait échange entre les bénéfices de l'industrie et la considération justement acquise dans l'exercice des fonctions soit judiciaires, soit militaires. Aujourd'hui, toute la considération est dans la richesse. Le magistrat et le militaire sont par leurs fonctions obligés de demeurer stationnaires au milieu du mouvement qui entraîne la societé. Ils voient à la vérité bien des fortunes tomber et s'élever subitement; pour eux, ils sont à la fin de leur carrière ce qu'ils étaient en la commençant, souvent avec une augmentation de famille. S'ils arrivent à une retraite, elle ne saurait suffire aux besoins de leur condition, et ne peut tenir lieu à leurs enfans de la considération d'autrefois. La conclusion que je tire de ceci, c'est qu'en marchant contre l'ordre de choses, rien n'acquiert de stabilité, et cependant la durée est fille de la stabilité. Et vous que les évènemens ont portés aux plus hauts emplois de l'Etat, vous n'aurez pas la gloire de fonder des aïeux à vos descendans; vos noms, le titre de vos honneurs ne vieilliront pas dans vos familles, et vous passerez sans laisser de souvenir honorable à la postérité!

CHAPITRE NEUVIÈME.

De l'égalité dans l'ordre social.

L'égalité n'est pas le signe indicatif de la liberté d'un peuple : on peut même dire qu'elle est ce qu'il y a de plus favorable pour le despotisme d'un seul. Partout où il y a un monarque sans classes intermédiaires entre lui et le peuple, avec des attributions distinctes dans l'ordre établi, ou le monarque doit devenir despote, ou le gouvernement se changer en démocratie; et le despotisme est assuré dans l'un comme dans l'autre cas : car le despotisme de la démocratie n'est pas moins oppressif que celui d'un monarque absolu. Mais pour parler vrai, si dans la démocratie on paraît être gouverné par la volonté de tous, on l'est en réalité par la faction d'un petit nombre ou par un seul homme. Et comme ceux où celui qui ont le pouvoir en main, ont toujours à craindre une révolution qui les fasse rentrer dans un Etat privé, ils sont dans l'obligation d'opprimer ceux qu'ils redoutent.

L'homme dans l'état de nature ne naît pas avec des droits, car des droits supposent des rapports ; et ces rapports ne peuvent lui venir qu'avec l'aide des combinaisons de ses facultés ; de là une création de droits et de devoirs qui a mis chacun sous la protection de tous ; c'est ce qu'on appelle la loi. Mais cette protection n'a point changé l'ordre de la nature : elle ne pouvait faire que l'homme qui manquait d'intelligence en fût pourvu ; que celui qui avait reçu des organes faibles fût fort. A ces inégalités, elle en a substitué d'autres dans un nouvel ordre de choses : ainsi, l'homme intelligent s'est trouvé placé dans un degré de supériorité à celui qui était seulement pourvu de la force physique. Les hommes, dit-on, sont égaux devant la loi. Oui ! mais leurs facultés ne sauraient l'être; et c'est cette inégalité de facultés qui oblige à des droits différens dans la distribution des dons qu'ils tiennent de l'ordre social.

Le vouloir de la liberté est dans le cœur de tous les hommes, parce qu'il est une inspiration de la nature. Le désir de l'égalité ne se rencontre nulle part : personne ne veut devenir l'égal de celui qu'il regarde comme étant au-dessous de lui ; et chacun veut d'abord atteindre le niveau de celui qu'il regarde comme étant au-dessus de lui, pour ensuite devenir son supérieur. Ce prétendu amour de l'égalité n'est autre chose qu'un combat continuel de celui qui n'a rien contre celui qui a quelque chose à conserver ; et surtout de celui qui se trouve né sans rang distinctif dans la société, contre celui qui prend rang parmi des aïeux où le souvenir de leurs vertus devient un patrimoine que la famille transmet à son successeur, parce qu'en lui assignant pour bien le passé, il ne marchera pas isolé dans l'avenir.

Partout où règne la liberté, le talent se placera à côté de ce qu'il y a de plus distingué par le souvenir dans le passé et de plus élevé dans le présent. C'est que sous le règne de la liberté le talent est une puissance. Voilà où réside la véritable égalité. Ne posez donc comme principe de l'ordre social, l'égalité, chose qui n'est pas dans la nature, mais posez-la comme conséquence de la liberté, qui seule peut lui donner la place qui lui convient. Il peut, à la vérité, se manifester une égalité pliée sous un même niveau où tous les hommes sont soumis à la puissance d'un seul, et où, pour me servir de l'expression de Montesquieu, on fait un ministre d'un goujat, et d'un goujat un ministre.

En un mot, le sentiment de la liberté ne peut devenir exclusif, puisqu'on n'en jouit qu'autant qu'il est un bien pour tous. Le sentiment de l'égalité, au contraire, est tout négatif, à l'égard des vertus de ceux que nous voyons au-dessus de nous, et exclusif de tout ce qui n'est pas nous.

Au surplus, ce sentiment de l'amour de l'égalité se justifie chez nous, en ce que tout ce qui a été grand aux yeux du public a été détruit; et tout ce qui veut paraître grand aujourd'hui a une si pauvre origine, que personne ne veut s'humilier, en ne se montrant pas son égal.

Dans tout pays où les mœurs ne différencient pas les rangs, chacun se trouvant sur la même ligne, ne cherche à se faire distinguer du public que par un étalage de luxe. Ne sommes-nous pas tous égaux? entend-on dire à chaque instant dans les classes du peuple; et pourquoi ne serions-nous pas vêtus et nourris comme on l'est ailleurs? Sans doute qu'il est fort indifférent pour l'Etat, que la femme d'un artisan, ou, selon le langage du jour, d'un industriel, porte des plumes à son chapeau, semblables à celles de la femme d'un préfet ou d'un lieutenant-général : c'est, diront quelques personnes, un avantage pour le commerce. Mais si la branche de l'industrie à laquelle se livre le mari de cette femme vient à manquer, ou qu'il lui arrive quelque autre accident dans sa fortune, que deviendra cette famille? Le mari fera faillite : c'est un usage devenu si commun, qu'il n'y a plus de honte à le suivre. On peut même dire qu'une faillite, par le temps qui court, est devenue en quelque sorte une profession sinon honorable, du moins excusable. Les enfans, élevés dans les jouissances du luxe, et souvent dans les habitudes de la débauche, ne tarderont pas à s'asseoir sur les bancs des assises. C'est cependant lorsque la société est travaillée de la sorte, et que sa dissolution se manifeste de toutes parts, que les ministres, parce qu'ils croient sentir le Pactole charrier l'or sous leurs pieds, viennent proclamer à la tribune la prospérité inouie de la France. Crésus s'écriant sur son bûcher : Solon ! Solon ! avait été possesseur du Pactole.

Il existe une autre égalité, et cette égalité ne doit pas être oubliée chez un peuple chrétien : c'est l'assujettissement à la mort, qui, comme l'a dit un orateur de la chaire, est la grande science ou la grande étude de la vie. Mais la religion, en respectant les rangs de la société établis pour en maintenir l'ordre, rappelle à cette poussière d'atomes vivans, que toute grandeur humaine finit par un cercueil.

CHAPITRE DIXIÈME.

De l'ancienne magistrature.

On a beaucoup crié contre la vénalité des charges de l'ancienne magistrature : ça été le texte sur lequel le langage révolutionnaire s'est le plus appuyé dans ses déclamations. Cependant, tout le monde est obligé de convenir que l'ancienne magistrature occupe une des plus belles pages de l'histoire de France. Comment concilier un titre si odieux avec des résultats si admirables ? on ne connaît le poison que par les effets qu'il produit. La question est assez grave, il me semble, pour mériter une explication. L'honneur était tellement inculqué avec l'esprit de la monarchie dans le cœur des Français, que tout ce qui était dans le cas de blesser cet honneur, semblait porter atteinte à la monarchie même. On ne doit donc pas s'étonner qu'on fût d'abord révolté de ce que le droit de rendre la justice, qui faisait partie de la prérogative royale, pût s'acquérir avec de l'argent, chose qui n'est pas toujours l'apanage de la vertu et du talent. Il existait alors en France plus de vertus guerrières que de vertus civiles : c'était dans les camps qu'on apprenait à aimer son roi et à servir son pays, sans pouvoir transiger sur ses devoirs. La monarchie s'avançait vers une autorité absolue, en se dégageant des entraves que lui opposaient les grands vassaux de la couronne. Ce qui devenait nécessaire au royaume, était un faisceau de vertus civiles dans un corps qui les représentât toutes. Les charges de la magistrature ne furent pas plutôt rendues vénales, qu'il se forma dans chaque famille attachée à la magistrature, une école de toutes les vertus civiles et privées. De là sortirent ces hommes qui, dans toutes les occasions, surent faire entendre les vérités aux rois qui s'égaraient dans l'art de gouverner, et présenter leurs poitrines au fer des factieux qui s'insurgeaient contre le pouvoir. Il ne faut pas qu'on croie que ces charges se vendaient comme se vendent aujourd'hui des actions à la Bourse. Lorsqu'une famille était investie d'une charge de magistrat, elle y attachait tant de prix, que la charge n'en sortait que par l'extinction de la famille; et pendant l'espace d'un siècle, on ne voyait peut-être pas dans un siége deux charges se vendre. On peut dire, avec raison, que ces charges avaient été plutôt rendues héréditaires, qu'elles n'avaient été rendues vénales. Mais tout ne se bornait pas à un droit d'hérédité; il fallait, de plus, après avoir pris ses grades, être admis par la compagnie, qui exerçait sur l'aspirant une censure sévère, et exigeait de lui toutes les vertus qui doivent constituer le magistrat. Je me souviens que dans ma jeunesse, et cela avant la révolution, l'on voyait journellement des jeunes gens de famille fréquenter les cafés ou autres lieux semblables; il n'était même pas rare d'y rencontrer de jeunes gentilshommes qui étaient attachés au service militaire, ou qui s'y destinaient, mais jamais on n'y voyait les enfans d'un magistrat; et cela, parce qu'il était reçu comme maxime du pays, que celui qui devait s'asseoir sur les fleurs de lys, telle était la manière de s'exprimer alors, ne devait pas se montrer dans un lieu où le langage de la licence était trop fréquent.

Voilà les garanties que l'ancienne magistrature donnait à nos pères dans l'administration de la justice. La première éducation du magistrat se faisait dans sa famille. Là, il apprenait à remplir les devoirs de son état par l'exemple qu'il recevait. Aujourd'hui, un jeune homme ne saurait prendre les mœurs et les habitudes d'un magistrat; il n'y a de certain pour lui que l'incertitude; et il se demande *si l'on fera de lui un dieu ou une cuvette.* Il suffit d'avoir fait son droit pour être magistrat; la magistrature étant la profession la moins lucrative, on essaiera de tout avant de se présenter.

Je suis bien persuadé qu'il entre dans la pensée d'un ministre d'appeler dans le corps de la magistrature des hommes qui en sont dignes; car il n'est personne qui, placé dans une sphère élevée, ne désire y laisser des souvenirs honorables par l'emploi qu'il a fait de sa mission. Mais de combien d'intrigues n'est-il pas environné? Comment son œil pourra-t-il pénétrer à travers ce mur qu'on élève autour de lui pour lui cacher le mérite et faire prévaloir la faveur? Ici, on dira que c'est à la nomination de celui pour qui on sollicite que tient l'élection d'un député tout dévoué au ministère ; ailleurs, on fera valoir que c'est le parent d'un personnage qui a des droits à être écouté. Enfin, dans ce pêle-mêle d'intrigues qui bourdonnera aux oreilles du ministre, le magistrat est nommé; et tout le monde se dit à quelle considération il l'a été, sans que personne se doute qu'il le doive à son mérite.

Loin de déverser le blâme sur l'ancienne magistrature, tâchons de nous rendre dignes d'elle. A Rome, l'usage était que dans les funérailles d'une famille patricienne, on portait les images de ses aïeux. C'est à la magistrature actuelle à s'attribuer par droit d'hérédité les traditions de cette grande figure, laquelle se fait d'autant plus remarquer à l'époque où nous vivons, qu'en même temps qu'elle défendait les intérêts et les droits des peuples, elle était une colonne de la monarchie.

CHAPITRE ONZIÈME.

De l'éducation.

Leibnitz a dit qu'on réformerait le genre humain, si l'on réformait l'éducation de la jeunesse.

Voilà la clé de toutes les réformes possibles. Il s'agit seulement de savoir comment doit s'opérer cette réforme. Les institutions d'un pays seront plus ou moins inébranlables, non parce qu'on aura fait un livre où auront été réglées les divisions des différens pouvoirs et leurs attributions, mais parce que les principes en seront gravés dans le cœur et l'esprit des citoyens, ce qu'on ne pourra obtenir que par une éducation qui donnera à tous une ferme volonté pour le maintien de ces institutions. L'art d'écrire n'a été donné à l'homme que pour suppléer aux obligations de ses devoirs, qui s'effaçaient de son cœur. Sous ce rapport, je dirai que ce n'est pas à la tribune qu'on apprend à aimer les lois qui régissent le pays, mais bien dans le sein de sa famille, et dans les écoles où l'on apprend à pratiquer ce qu'elles commandent.

Comme la religion est ce qu'il y a au monde de plus durable, elle est nécessairement ce qu'il y a de plus fort. L'éducation doit donc être religieuse. Au moral comme au physique, vouloir que l'homme soit fort au sortir du berceau, c'est le mettre dans le cas d'être faible lorsqu'il aura atteint l'âge d'homme, c'est vouloir changer le cours de la nature. La force ne va pas de l'âge d'homme à l'enfance, elle va de l'enfance à l'âge d'homme. La première chose nécessaire pour introduire cette force, c'est de mettre l'uniformité dans l'éducation ; et cette uniformité, vous ne l'obtiendrez que dans les corporations religieuses, où l'enseignement que prescrit la religion tient le premier rang dans les sciences humaines : car la religion, comme science et comme devoir, est dans la pratique de tous les âges, et de toutes les fonctions auxquelles on est dans le cas d'être appelé.

A cette uniformité continuelle se rattache l'unité de la volonté, qui est l'essence de toute corporation religieuse, et qui est comme l'emblême du monde, qui voit chaque jour mourir les hommes du pouvoir, sans que le pouvoir meure. C'est en rendant la règle toujours la même, toujours égale dans la conduite qu'on apprend à l'aimer. La base est dans la religion; il faut que, comme elle, elle ne puisse recevoir du temps que la vénération des siècles, sans en être atteinte dans son esprit. Dans les écoles actuelles, la science est le but unique de l'enseignement; et cela, d'après la méthode qu'il convient à chaque école d'adopter. L'enseignement religieux y est seulement admis en sa qualité d'un vieil usage avec lequel l'élève ne contracte aucun engagement. On a tellement vanté l'avantage des talens pour arriver à la fortune, que l'éducation n'a plus été l'apprentissage de bien se conduire, de pratiquer ses devoirs comme chrétien et comme citoyen, ou plutôt, il n'y a plus d'éducation, mais des cours d'enseignement de différentes sciences. Je le demande : Est-ce bien là une éducation, je ne dirai pas chrétienne, mais même nationale? Cependant, s'il n'existe pas un centre commun où l'on apprend à servir comme devoir les intérêts de la société, il n'y aura plus dans ses rapports une affection d'un intérêt général, mais bien un sujet d'un intérêt privé : or, cette affection qui unit tous les membres de la société, comme ne faisant qu'une seule famille, ne peut se rencontrer que dans la religion, qui veut que nous ne soyons heureux que par l'accomplissement de nos devoirs. Si le peuple romain, dit Cicéron, a été le premier peuple du monde, c'est parce qu'il a été le peuple le plus religieux.

Le premier caractère de la force dans les écoles des corporations religieuses, c'est qu'on ne peut supprimer l'enseignement de la religion sans que l'école soit aussitôt fermée. Le lien qui unit l'école à la religion est indissoluble : que dans les conjonctures où nous vivons, un flux révolutionnaire vienne à inonder la France, tout le changement qu'il y aura dans les colléges royaux, ce sera de renvoyer l'aumônier, heureux s'il n'est pas baffoué par les élèves; mais dans une école tenue par des religieux, les maîtres et les élèves seront aussitôt dispersés : la maison, dès le lendemain, sera métamorphosée en caserne ou en magasin de fourrages.

L'enfant à l'école de la science, sans religion, s'approprie tous les vices de l'homme, sans en avoir l'expérience pour se garantir de leurs effets.

Osons le dire : on a répudié l'enfance, et cela par vanité, pour voir dans un enfant un homme que la nature se refuse à reconnaître comme tel. Ainsi, l'enfant a été traité en homme. Dans un pareil état de choses, toutes les mauvaises doctrines répandues dans le monde sont venues détremper le cœur des enfans. Chose incroyable ! le mot *suicide* vient se placer sous ma plume en parlant de l'éducation de l'enfance. Tel que le péché, sous la forme du serpent, pénétra dans la paisible demeure de nos premiers pères pour y porter le poison de la mort, ce fléau a pénétré jusque dans les jeux de l'enfance. Ce ne sont plus des méthodes d'enseignement qu'il faut chercher pour les écoles, ce sont les moyens d'empêcher les enfans de se suicider. La barrière qui séparait l'enfant des habitudes de l'homme a disparu ; et l'enfant s'est trouvé rapproché des vices du monde, comme Adam après sa chute s'est trouvé rapproché de Satan.

Par un instinct qu'on peut appeler providentiel, on a prohibé dans les colléges les punitions corporelles. Si on les eût maintenues, les choses en sont venues à un tel point que la moitié des enfans s'y suicideraient. Ce qui occupe le plus leurs pensées, c'est de paraître des hommes aux yeux du public, ayant appris à en parler le langage. Essayez dans un collége royal de faire donner le fouet à un enfant de treize ans, et vous ne tarderez pas à en voir le funeste résultat sur sa personne. Croyez-vous qu'il y ait chez les enfans d'aujourd'hui une trempe de caractère plus énergique et une plus grande aptitude aux sciences que chez les enfans du temps de l'enfance du maréchal Villars et de Voltaire ? Non ; mais les enfans d'alors savaient qu'ils étaient des enfans, et qu'ils ne pouvaient être autre chose. Les règles du collége étaient pour eux les règles de leur conduite ; au lieu que ceux d'aujourd'hui prétendent n'avoir d'autres règles que celles du monde, et agir comme des hommes ; et pour le prouver à leurs parens, ils se tuent. Si Tacite, après avoir décrit les mœurs de Rome, cherchait un délassement dans la peinture de celle des Germains, quel sera, mon Dieu ! le délassement de l'historien de l'époque actuelle, après avoir écrit cette terrible page de l'histoire ensanglantée du sang de nos enfans ?

La prétention des philosophes du jour, c'est de régénérer la société par la science. Les bagnes sont là pour leur donner le démenti le plus formel. En les parcourant, ils demeureront convaincus qu'ils renferment, proportion gardée, plus d'hommes qui ont reçu dans le monde un demi-savoir, que de condamnés qui n'ont jamais fait la lecture d'un livre. Il y a des degrés dans l'esprit des détenus pour le crime : tel a été condamné pour le vol, qui se serait abstenu d'un meurtre ; tel autre, coupable d'un meurtre, aurait reculé devant un assassinat, un incendie ou un parricide. Il n'y en a point pour le prétendu philosophe qui a paru sur la sellette. Tout étant préjugé à ses yeux et l'ouvrage arbitraire de l'homme, il ne se refusera à aucun crime. Qu'importe, se dit-il, que la matière soit modifiée de telle ou de telle manière, et que le moment de la mort soit un peu plus rapproché par le fait de l'homme ou par le fait de la nature !

Une volonté ne peut être sage qu'autant qu'elle est déterminée par un entendement sage et éclairé.

Or, un enfant ne peut avoir d'autre entendement que celui qu'il reçoit au foyer domestique ; et sa volonté ne peut être que celle de ses parens ou de ceux qui ont de l'autorité sur lui. Mais l'enfant doit voir dans ceux aux soins desquels il est confié, et à la volonté desquels il doit obéir, qu'ils sont eux-mêmes soumis à une autorité qui règle toutes leurs actions, et pour le culte de laquelle ils pratiquent chaque jour des cérémonies.

En séparant la religion de l'enseignement, on a précipité la pensée de l'homme vers le crime. Le crime tout brut, si je puis parler ainsi, ne sera jamais bien difficile à réprimer dans une société avec une police passablement faite. Mais le crime, disciple de la science, se pose devant la société comme un général asseoit un camp dans un pays ennemi ; il connaîtra sa stratégie, calculera ses manœuvres et ses attaques ; s'il éprouve une défaite, il saura rallier ses soldats et se remettre en campagne.

La science, fruit du travail de l'homme, si elle n'est aidée par la religion, tend naturellement vers son principe, le doute ; et son action s'échappant dans le vague, s'unit à l'égoïsme, qui devient l'unique moteur de la société. Un peuple arrivant à l'athéisme par l'instruction, ce serait alors que l'enfer se débordant du cœur de l'athée, inonderait la terre. Tout étant dans le crime pousserait au crime ; l'homme serait pour l'homme ce qu'il y aurait de plus redoutable ; et l'intelligence humaine, froide comme la poussière des tombeaux, ne pénétrerait chez les hommes que comme l'éclair de la foudre, qui en tombant donne la mort.

Il y aura toujours une grande distance entre l'éducation faite par des laïques, et l'éducation faite par des hommes attachés à des corporations religieuses. Par la première, le maître, soumis à tous les embarras d'un ménage, susceptible de toutes les impressions du monde, ne peut jamais parler à ses élèves que de science ; et la science laisse toujours quelque chose à dire. Il touche de trop près aux passions humaines, pour que son langage soit écouté comme celui qui, en rompant avec le monde, a rompu avec elles. Remarquez que l'homme qui a rompu avec le monde ayant pour appui du témoignage de ses paroles le principe de la foi, et ramenant la science aux institutions chrétiennes, la foi devient alors le fil de l'intelligence de l'élève; de cette sorte, il se forme entre la science et la foi un rapport d'union qui les rend d'une même nature, et fait l'homme savant, en lui donnant les vertus d'un chrétien.

L'amour est le premier sentiment que doit respirer l'homme à sa naissance pour pouvoir vivre. Ainsi, notre nourrice a été la première personne qui nous a aimés, et qui a reçu nos premières caresses. Si les soins de nos parens succèdent aux soins de notre nourrice, nos facultés intellectuelles, en se développant, les obligent le plus souvent à nous éloigner d'eux, afin de nous mettre en rapport dans ce qu'on doit nous apprendre, avec la société qui compte sur nos services. Mais l'amour devient aussi nécessaire à notre éducation morale et intellectuelle, qu'elle l'a été pour notre première éducation physique. Et où trouvera-t-on un amour qui doive remplacer l'amour de la famille, si ce n'est chez ces hommes qui ont renoncé à toutes les illusions du monde pour devenir les instituteurs de nos enfans?

Dès l'entrée de l'élève dans une telle maison, il se forme entre lui et le maître un besoin réciproque de s'aimer : l'un, par l'abandon où il est momentanément des soins de l'amour de ses parens; l'autre, en trouvant dans son élève ce qui doit lui tenir lieu de tout ce qu'il a abandonné dans le monde, par l'adoption d'un fils procédant de la religion et de la science.

C'est donc par l'amour que l'éducation doit se

faire, c'est-à-dire que le cœur doit instruire l'esprit. On avait remarqué dans les anciens colléges, que généralement ce n'étaient pas les élèves qui avaient le plus brillé qui portaient le plus de talens dans le monde. Cela ne pouvait provenir que de ce que l'élève dont l'esprit était arriéré dans son développement, soit que la nature en eût reculé l'époque, ou par quelque autre cause, sortant de l'école avec un cœur rempli de l'amour de ses devoirs, et bien préparé à la science, il n'avait besoin que d'une occasion pour se livrer à l'étude et devenir un homme marquant parmi ses concitoyens; tandis qu'on peut être assuré que celui qui sort aujourd'hui du collége sans avoir rien appris, restera dans son ignorance: ayant le cœur aussi vide d'instruction pour remplir ses devoirs moraux et religieux, que l'esprit sur ce qu'on lui aura enseigné, il ne recevra du monde que de mauvaises impressions, et ne saura jamais se garantir du danger de s'abandonner à l'odieux de ses penchans.

On se plaint généralement de l'affaiblissement de la puissance paternelle. Cette impuissance est moins dans l'impuissance des lois que dans la corruption des mœurs: dès-lors, l'éducation y entre pour beaucoup. En quittant le domicile paternel pour faire son éducation, l'enfant passe sous une autorité étrangère. Mais comment rendre cette autorité aussi bénigne, aussi respectable dans le cœur de l'enfant que l'autorité paternelle? Il n'y a que la religion, qui supplée à tout, qui puisse faire cette espèce de miracle. La présence d'un homme savant peut inspirer l'admiration ; la présence d'un homme savant et religieux par état, inspire le respect. Avant que l'élève respecte son maître, il faut qu'il voie son père le respecter, non comme enseignant la science, mais comme revêtu d'un caractère qui l'isole du monde pour remplir une mission bien plus grande. La puissance paternelle vient de Dieu ; la puissance d'un maître est toute factice. Pour que le maître puisse élever son autorité jusqu'à la puissance paternelle, l'élève doit, en le voyant se diviniser dans les cérémonies journalières du sacerdoce, cesser de penser qu'il est un homme ordinaire, et le considérer comme un homme de Dieu à qui il est confié : car Dieu seul peut fournir un suppléant à l'amour paternel.

Une chose sur laquelle on n'a peut-être pas assez réfléchi, c'est que les rapports que l'élève d'une corporation religieuse voit chaque jour exister entre son maître et la Divinité, par des exercices pieux, lui font penser qu'il y a quelque chose au-dessus de la science; que lui-même, en s'écartant de ses devoirs de religion, il encourt un plus grand blâme qu'en s'écartant de ses devoirs de classe; et cette règle peut devenir la règle de sa vie.

Il n'y a à proprement parler d'éducation chez nous pour l'enfance, et Dieu a voulu qu'elle fût toute populaire, que chez les frères de la doctrine chrétienne. C'est en sortant de cette école que, comme point de départ, l'éducation des enfans devrait être confiée à des corporations religieuses.

Je ne sais ce que Dieu nous réserve pour l'avenir; mais si dans la sagesse de ses vues il nous prépare une régénération, c'est de la semence jetée dans l'esprit des enfans par les frères de la doctrine chrétienne, que sortira une génération nouvelle. « Laissez venir ces enfans vers moi, et ne les éloignez pas de ma personne, » a dit le Sauveur du monde. Voilà la mission que les frères de la doctrine chrétienne remplissent avec tant de soins et de succès: ils rapprochent chaque jour les enfans de la personne de Jésus-Christ. Oh qu'elle est belle cette mission des hommes qui, comme les apôtres, sortant de l'obscurité, vont, en s'élevant par leurs œuvres au-dessus de ce que le monde a de plus savant, ramener les générations futures à l'adoration de la croix, et prouver que la parole de Dieu est éternelle !

« Que ceux-là vous traitent avec rigueur, qui « ne savent pas combien il est difficile de trou« ver la vérité et d'éviter les erreurs. Que ceux« là vous traitent avec rigueur, qui ignorent com« bien il y a de peine de s'élever au-dessus des « fantômes du monde dont on s'est une fois rem« pli. Que ceux-là vous traitent avec rigueur, « qui ne connaissent point les difficultés extrê« mes qu'il y a à purifier l'œil de l'homme in« térieur, pour le rendre capable de voir la vé« rité, qui est le soleil de l'âme. » (Saint Augustin.)

CHAPITRE DOUZIÈME.

Du célibat religieux.

Le célibat, dit-on, contrarie le vœu de la nature, et dès lors il ne doit point trouver de protection devant la loi civile. Il faut distinguer. Lorsque, par suite du luxe, du libertinage, et pour satisfaire aux besoins qu'on s'est créés, le célibat est entré dans les mœurs d'une nation, il est un symptôme de décadence, car il est le fruit de l'égoïsme chez l'homme qui renonce aux plaisirs légitimes du mariage, pour courir à ceux qui ne le sont pas. Mais lorsque le célibat est restreint à une profession religieuse qui porte aux pieds des autels la prière et le repentir, il devient pour la société le gardien des mœurs et des doctrines.

L'homme, par une profession religieuse, se met en rapport avec Dieu. En se plaçant en face de son trône, les lois de la nature semblent s'oublier en lui, et c'est de son humilité, de son anéantissement comme créature qu'il tire sa grandeur. Or, rien ne peut s'élever sur la terre de méritoire aux yeux de Dieu, sans qu'elle en soit favorisée.

La civilisation, c'est le christianisme. La tradition de toutes les vertus dont il a gratifié le monde ne peut se conserver qu'avec le secours des hommes qui sont appelés par leur ministère à porter en eux le souvenir de son origine, et qui, par les maximes qu'ils transmettent de génération en génération, livrent l'ordre social à la vénération des peuples. Un ordre religieux est un livre vivant qui parle à tout le monde. L'ignorant comme le savant connaissent quels sont les devoirs d'un religieux; et ces devoirs sont de servir Dieu, d'aimer son prochain et de respecter l'ordre établi.

Maintenant, cherchez dans les productions des philosophes; toutes se combattent, toutes se contredisent dans les différens systèmes qu'ils ont embrassés. Pourra-t-on nous dire, après les avoir lues, quelle est la base sur laquelle reposent les gouvernemens et la sûreté des peuples? Cependant le monde ne saurait exister sans avoir une doctrine qui fasse distinguer le bien du mal. Il n'y a point de code humain qui puisse soumettre les masses à respecter les lois, si elles n'ont pas le sentiment d'une autorité supérieure qui régit l'univers.

Mais ce n'est pas seulement dans l'intérêt de la morale et de la religion que les corps religieux sont utiles; ils le sont dans celui des arts et des sciences. Tout ce que l'antiquité nous a transmis de beau et de sublime, ce sont eux qui nous l'ont conservé; c'est du fond des cloîtres qu'est sortie la lumière qui éclaire le monde civilisé, c'est auprès d'eux que le génie a été s'inspirer pour animer la toile et le marbre. « C'est aux « corps religieux, dit un auteur aussi estimable « que savant dans la connaissance des lois poli- « tiques, qu'on doit d'avoir défriché le champ « des connaissances humaines, en même temps

« qu'ils défrichaient une grande partie du sol « de la France. Ces deux faits, attestés par mille « monumens historiques, et que personne ne « peut révoquer en doute, montrent que, dans « un Etat, il faut des corps indestructibles, dont « l'esprit, restant toujours le même quand tout « se métamorphose autour d'eux, entreprend de « grands et utiles ouvrages, dont le premier au- « teur ne peut ajourner la fin qu'après plusieurs « générations. Quel est le particulier qui se con- « damnera à entreprendre ce que ses petits-fils « pourraient à peine finir? Quel est celui qui « pourrait s'assurer de substituer à ses enfans les « connaissances qu'il n'a acquises que par son « travail? Cette longue hérédité ne se trouve que « dans des congrégations. Là rien ne meurt, ni « l'homme, ni ses travaux, ni ses découvertes; « les individus changent, l'établissement reste, « mais les individus n'y changent que successi- « ment, ne s'y trouvent que peu à peu. C'est là « qu'à l'exemple de la nature, tout se conserve « sans vieillir, tout se reproduit sans être jeune. »

CHAPITRE TREIZIÈME.

Conclusion.

Ne cherchez point dans une cause particulière le mal dont on se plaint; il est le produit d'un ensemble d'élémens qui ne peuvent se coordonner.

Vous ne sauriez trouver la paix dans ce qui est contraire à son existence : le principe de la souveraineté du peuple. Vous vous êtes placés sous l'empire des circonstances que vous avez créées, et ces circonstances, plus fortes que vous, vous briseront par votre indocilité à vouloir leur résister. La paix ne tient point à des lois de disjonction, de déportation, ou de toute autre de ce genre. Ce qui vous manquera toujours, c'est de pouvoir arrêter les passions humaines, qui, dans l'état actuel des choses, semblent être appelées à décider de tout. Le pouvoir dont vous êtes revêtus peut aller jusqu'à comprimer la révolte, et même à la vaincre, mais il ne saurait détruire ce que la nature reproduit chaque jour. Vous êtes las des révolutions, et toute la nation en souffre.

Comment se fait-il qu'on ne puisse en voir la fin ? C'est que le cœur de l'homme une fois livré aux révolutions, ne pouvant savoir où est le repos, il le cherche dans ses passions. Pensez-vous que ces hommes qui sont traduits devant la justice pour expier le crime d'une tentative de révolution, n'eussent pas cru trouver la paix s'ils fussent arrivés au pouvoir ? Il en a été de leur conduite comme de celle de leurs prédécesseurs, dont le succès leur a mis la torche à la main. Qui voudrait mettre à la loterie, si jamais personne n'y avait gagné ? Qui voudrait se faire carbonaro, si en jurant sur un poignard, on devait rester ce que l'on est ?

De grandes passions ne peuvent être combattues que par de grandes passions. Il y a longtemps que l'on a dit qu'avec de la gloire on fait des Français ce que l'on veut. Cette gloire, vous ne la trouverez pas dans la confection des chemins de fer. Chez les Français, il faut que ce qui se fait de glorieux se doive à la guerre. Si Louis XIV n'eût pas triomphé pendant plus d'un demi-siècle de ses ennemis, tous les chefs-d'œuvre dans tous les genres qui ont pris naissance sous ce règne, ne lui auraient pas valu le titre de *Louis-le-Grand* : tant il est qu'en France la gloire militaire passe avant toute autre.

Le principe de la démocratie que renferme votre Constitution, a, par sa nature, besoin d'agir d'une manière ostensible ; et lorsqu'il semble ne pas agir, ou que du moins il agit à votre insu, dans l'obscurité des souterrains, on croit voir le gouvernement tomber dans une espèce de marasme d'où sort la division dans les pouvoirs, lesquels ne se rapprochent que dans les dangers d'une insurrection.

Vous ne pouvez vivre sans la presse, et cependant elle vous tuera : c'est qu'en vous donnant l'activité de la vie, elle use tous les ressorts qui vous font agir.

Votre loi électorale est un contresens dans l'ordre politique. On ne remue jamais les masses en leur parlant de leurs droits, pour ne disposer ensuite de ces droits qu'en faveur du petit nombre : c'est les blesser avec des armes qu'elles ont forgées elles-mêmes, et qu'elles peuvent tourner contre l'ordre établi : la force doit toujours résider où réside le droit. Mais on ne saurait l'y voir quand le droit est attaqué par le grand nombre contre le petit. Un roi est fort ou présumé fort, parce qu'il commande à tous, et que son droit est unique. Un droit est faible, lorsqu'il est un retranchement d'un droit de tous, contre lequel tous réclament.

A l'extérieur, la guerre est ce que vous redoutez le plus. La raison en est que vous occupant uniquement des intérêts matériels de la nation, vous avez cru attacher à vos institutions le plus de monde possible, et paralyser ainsi le principe démocratique. Mais tous ces intérêts se trouvant compromis par une menace de guerre, vous ne pouvez en supporter l'idée. Et lorsque l'avenir se grossit chaque jour d'évènemens qui doivent changer la face du monde, la Bourse a créé autour de vous le cercle de Popilius, que vous ne sauriez franchir sans croire sentir crouler sur vos têtes cet échafaudage d'intérêts privés qui ruinent le pays en le démoralisant.

Si chaque siècle modifie les idées du siècle précédent, le nôtre, dans la mobilité des institutions du pays, et le manque de foi en toutes choses, est en souffrance d'un besoin de gloire qui crée des doctrines et fixe nos sentimens.

FRAGMENS

de Discours dont un paragraphe est rapporté à la note des pages 65 et 66.

Le grand art de la politique est de savoir se servir de la fortune et de l'attendre; c'est ce grand art qui a toujours produit de grandes choses, et que nous remarquons s'exercer avec tant d'avantage dans le cabinet de Saint-Pétersbourg. Une province est-elle acquise par cette puissance? la guerre ne fait que mettre en sa possession ce que lui avait acquis sa politique, tandis qu'en France tout semble être mis en viager, et qu'on ne sait jamais ce qu'on fera, et même ce qu'on ne fera pas. Les Russes avancent dans le temps, après s'être assurés d'en disposer; et tout ce qu'ils font n'est jamais abandonné, et même inutile pour l'avenir.

Deux choses semblaient devoir arrêter les projets de la Russie. Depuis long-temps l'Europe savait que l'empire du croissant ne soutenait son existence que parce que ses racines en étaient dans l'ancien cabinet des Tuileries : d'un autre côté, le voisinage d'une armée russe devait donner de l'inquiétude à l'empire d'Allemagne. Pour les hommes d'Etat, les obstacles deviennent souvent une source de grands succès. La révolte de la Pologue, en fournissant à la Russie le spécieux prétexte d'y entretenir une armée, lui a prouvé l'avantage d'entrer dans les intérêts et les affaires de l'Allemagne, et de s'y créer des alliés.

Dans les premiers momens de la révolution de juillet, les cabinets du Nord furent dans la stupeur ; ils craignirent d'être surpris dans leurs moyens de défense : mais après avoir porté un œil scrutateur sur les effets que devait produire cette révolution, ils ont eu bientôt reconnu que les institutions de la nation n'étant pas d'accord avec le principe qui les dominait, toutes les forces mises à la disposition du gouvernement seraient employées par lui à combattre les effets qui résulteraient d'un pareil état de choses. Dès lors le poids de la France, devenu trop léger dans la balance politique de l'Europe, n'a pu empêcher une alliance qui livre l'empire Ottoman à la Russie, l'Italie à l'Autriche, et donne à la Prusse une prépondérance en Allemagne par les nouveaux rapports qui doivent s'y créer (1).

Napoléon avait compris toute la grande pensée de Louis XIV, d'unir la France et l'Espagne par les liens d'une même famille. Si Napoléon manqua de loyauté dans ses moyens d'exécution, il convient d'être juste à son égard, et de dire qu'il voyait qu'une telle union était indispensable à la gloire et au bonheur de la France. Certes, il était loin de ses projets que la loi salique ne passât pas en Espagne, en y faisant régner son frère. Aujourd'hui, il n'y a plus de Balkan, il n'y a plus de Dardanelles pour les Russes, et il y a des Pyrénées pour la France. Peut-être que, dans peu d'années, nous serons appelés à voir un prince de la famille du czar épouser une infante d'Espagne, et porter la couronne de Charles-Quint.

(1) Ceci était dit à l'occasion du congrès de Machen-Gratz, pierre d'attente et précurseur du traité du 15 juillet.

FIN.

TABLE.

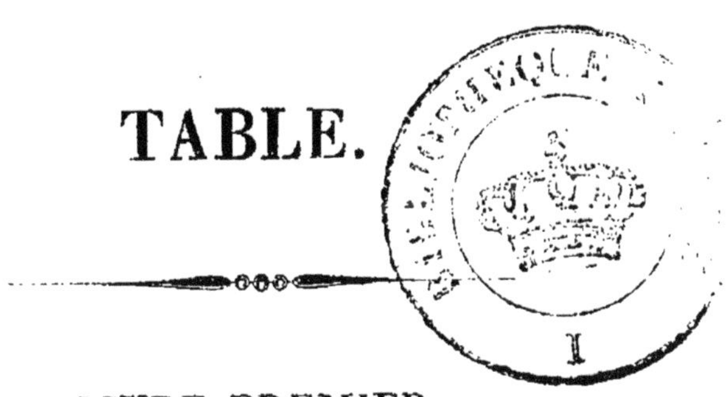

LIVRE PREMIER.

CHAPITRE PREMIER.

CHAPITRE DEUXIÈME.

CHAPITRE TROISIÈME.

CHAPITRE QUATRIÈME.

CHAPITRE CINQUIÈME.

LIVRE DEUXIÈME.

LIVRE TROISIÈME.

LIVRE QUATRIÈME.

FIN DE LA TABLE.

ERRATA.

Pag.	*lig.*	
15,	16,	la puissance de vivre *lisez* la puissance divine
22,	13,	le Code divin. *lisez* ce Code divin.
50,	24,	l'échange; *lisez* le change;
53,	15,	la nation *lisez* la nature
92,	20,	doute *lisez* gouffre
112,	4,	abolitique *lisez* abolitive.
117,	1,	sa défense *lisez* la défense
165,	12,	Il suffit *lisez* S'il suffit

www.ingramcontent.com/pod-product-compliance
Ingram Content Group UK Ltd.
Pitfield, Milton Keynes, MK11 3LW, UK
UKHW020122200726
13856UKWH00002B/685

9 782011 755766